HEINZ NAWRATIL

Die deutschen Nachkriegsverluste

ARES VERLAG

Heinz Nawratil

Die deutschen Nachkriegsverluste

Vertreibung, Zwangsarbeit, Kriegsgefangenschaft, Hunger, Stalins deutsche KZs

ARES VERLAG

Umschlaggestaltung: DSR – Digitalstudio Rypka/Thomas Hofer, Graz
Umschlagfoto Vorderseite: Ullstein-Bilderdienst
Umschlagfotos Rückseite: Archiv des Verlages

Bildnachweis:
Ullstein-Bilderdienst (22, 27, 46, 47, 51, 72, 73, 93, 94), A. Mölzer (111); alle anderen Bilder/Abb. und Karten: Archiv des Verlages/Archiv des Verfassers

Bibliografische Information Der Deutschen Bibliothek
Die Deutsche Bibliothek verzeichnet diese Publikation in der Deutschen Nationalbibliografie; detaillierte bibliografische Daten sind im Internet unter http://dnb.ddb.de abrufbar.

Hinweis:
Dieses Buch wurde auf chlorfrei gebleichtem Papier gedruckt. Die zum Schutz vor Verschmutzung verwendete Einschweißfolie ist aus Polyethylen chlor- und schwefelfrei hergestellt. Diese umweltfreundliche Folie verhält sich grundwasserneutral, ist voll recyclingfähig und verbrennt in Müllverbrennungsanlagen völlig ungiftig.

ISBN 978-3-902475-49-7

Layout: Ecotext-Verlag, Mag. G. Schneeweiß-Arnoldstein, 1010 Wien
Gesamtherstellung: CPI Moravia Books, Pohorelice

Inhaltsverzeichnis

Zum Geleit

„Du kannst nicht spielen mit dem Tier in dir, ohne ganz Tier zu werden, nicht mit der Lüge, ohne das Recht zur Wahrheit einzubüßen, nicht mit der Grausamkeit, ohne die Zartheit des Geistes zu verlieren. Wer seinen Garten rein halten will, darf keinen Fleck dem Unkraut überlassen." Diese Sätze stammen von Dag Hammarskjöld, dem UN-Generalsekretär und Träger des Friedensnobelpreises 1961; sie waren für die vorliegende Arbeit Anstoß und Leitlinie zugleich. Wie Meinungsumfragen oder auch nur der Blick ins Fernsehprogramm zeigen, haben Kriegsereignisse und Kriegsopfer im Bewusstsein der Öffentlichkeit einen festen Platz; auch die Verbrechen dieser Epoche sind allgemein geläufig. Kaum bekannt und daher vom Unkraut der Spekulationen und Verharmlosungsversuche überwuchert dagegen ist jenes weite Feld der Kriegsendzeit, die im buchstäblichen Sinn für Millionen Menschen zur Endzeit wurde. Diesem vernachlässigten Teil im Garten der Mitmenschlichkeit und den Gräbern der Nachkriegsopfer wieder die angemessene Pflege zuteil werden zu lassen, erschien dem Verfasser als Vermächtnis des großen Humanisten Hammarskjöld.

Entsprechend der globalen Dimension des Zweiten Weltkriegs verstummen die Waffen an den verschiedenen Orten zu ganz verschiedenen Zeiten. Für Nordafrika endete der Krieg mit der Kapitulation des Deutschen Afrikakorps im Mai 1943. Paris feierte seine Befreiung im August 1944. Berlin kapitulierte im Mai 1945, Tokio im September 1945. Diese Divergenzen, aber auch die neuen Größenordnungen der Verfolgung Andersdenkender und Andersrassischer in Hitlers und Stalins Imperien zwangen die Historiker, bei der Abgrenzung von Kriegsopfern und anderen Opfern neue Wege zu gehen. In seiner Dokumentation über die deutschen Vertreibungsverluste definiert das Statistische Bundesamt daher diejenigen Menschenopfer als „Nachkriegsverluste", die nach dem Ende der Kampfhandlungen in den betreffenden Gebieten eingetreten sind. Dieser anschauliche Begriff wird auch im Folgenden verwendet.

Unter den Nachkriegsopfern waren aber nicht nur Deutsche, sondern auch Angehörige zahlreicher anderer Nationen. Um die Position der deutschen Verluste im Koordinatensystem der internationalen Nachkriegsverluste zu markieren, sind auch diese Menschen und ihr wenig bekanntes Schicksal in Form einer ausführlichen Vorbemerkung in die Untersuchung mit einbezogen worden.

Der Umfang der behandelten Materie hat es nötig gemacht, die statistischen Fragen auf Kosten der historischen und allgemein menschlichen in den Vordergrund zu rücken. Natürlich wäre es für Verfasser und Leser bequemer gewesen, eine Handvoll Reportagen über dramatische Einzelschicksale zusammenzustellen und das Zahlenmaterial in die Fußnoten zu verbannen. Dabei aber wären gewisse geschichtliche Größenordnungen verloren gegangen, die sich nur statistisch umschreiben lassen. Goethe hat gesagt, was dazu zu sagen ist: „Man hat behauptet, ... die Welt werde durch Zahlen regiert; das aber weiß ich, dass die Zahlen uns belehren, ob sie gut oder schlecht regiert werde."

Dieses Buch ist keine wissenschaftliche Studie; es kann und will nicht mit spektakulären Archivfunden aufwarten. Das Ziel war lediglich, die verstreuten Angaben aus amtlichen Dokumentationen und internationalen Forschungsarbeiten in übersichtlicher Form zusammenzustellen und so – gerade dem jungen Menschen – einen kompakten Überblick über ein halb vergessenes Kapitel der europäischen Geschichte zu bieten.

Noch etwas: Bevölkerungsstatistiken sind eine hochkomplizierte Materie und obendrein nicht selten politisch manipuliert. Auch die folgenden Zahlenangaben sind naturgemäß kein Dogma, sondern stets mit dem Zusatz „nach heutigem Erkenntnisstand" zu lesen. Für Hinweise aus dem Leserkreis ist der Verfasser dankbar.*

---

* Aus Gründen der Lesefreundlichkeit wurden die im Folgenden angeführten Zitate und Dokumente behutsam der neuen Rechtschreibung angepasst.

1. Vorbemerkung: Die europäischen Nachkriegsverluste

Zeittafel

Die jugoslawischen Ereignisse

27. 9. 1940	Unterzeichnung des Dreimächtepakts durch Deutschland, Italien und Japan.
25. 3. 1941	Beitritt Jugoslawiens zum Dreimächtepakt.
27. 3. 1941	Staatsstreich in Belgrad.
6. 4. 1941	Beistandspakt der neuen jugoslawischen Regierung mit der Sowjetunion.
6. 4. 1941	Beginn des Einmarsches in Jugoslawien (Deutschland, Italien, Ungarn und Bulgarien).
10. 4. 1941	Proklamation des „unabhängigen Staats Kroatien".
17. 4. 1941	Kapitulation der jugoslawischen Armee. Nach Gebietsabtretungen an Italien, Deutschland, Ungarn und Bulgarien Bildung der weiteren Staaten Serbien und Montenegro unter deutschem bzw. italienischem Protektorat.
15. 6. 1941	Beitritt Kroatiens zum Dreimächtepakt.
22. 6. 1941	Angriff der deutschen Wehrmacht auf die Sowjetunion.
4. 7. 1941	Jugoslawische KP unter Tito beschließt den Partisanenkampf gegen die Besatzungsmächte. Etwa gleichzeitig Vorbereitung der Partisanenaktionen der konservativen Tschetniks (Četnici) im Einvernehmen mit der königlich jugoslawischen Exilregierung in London.
2. 11. 1941	Erste Kämpfe der konservativen und kommunistischen Partisanen untereinander.

1. 12. 1943	Auf der Konferenz von Teheran beschließen die Großen Drei, nicht mehr die Tschetniks, sondern nur noch die Tito-Partisanen zu unterstützen.
20. 10. 1944	Tito-Partisanen erobern Belgrad.
11. 4. 1945	Freundschafts- und Beistandspakt zwischen der UdSSR und der Regierung Tito.

Die französisch-italienischen Ereignisse

31. 3. 1939	Britisch-französische Garantieerklärung für die nationale Integrität Polens.
7. 4. 1939	Italienischer Einmarsch in Albanien.
1. 9. 1939	Deutscher Einmarsch in Polen.
3. 9. 1939	Großbritannien und Frankreich erklären dem Deutschen Reich den Krieg.
10. 5. 1940	Deutscher Einmarsch in Frankreich und den Benelux-Staaten.
10. 6. 1940	Kriegseintritt Italiens.
18. 6. 1940	General de Gaulle erklärt sich in London zum „Führer der freien Franzosen“.
22. 6. 1940	Deutsch-französischer Waffenstillstand.
24. 6. 1940	Italienisch-französischer Waffenstillstand.
3. 7. 1940	Britischer Überfall auf die französische Flotte in Mers-el-Kebir, darauf Abbruch der diplomatischen Beziehungen Frankreichs zu Großbritannien.
11. 7. 1940	Marschall Pétain Staatschef des französischen Staates (Regierungssitz in Vichy).
27. 9. 1940	Unterzeichnung des Dreimächtepakts durch Deutschland, Italien, Japan.
28. 10. 1940	Italienischer Angriff auf Griechenland.
22. 6. 1941	Deutscher Angriff auf die Sowjetunion.
30. 6. 1941	Die französische Regierung in Vichy bricht die diplomatischen Beziehungen zur UdSSR ab.
7. 12. 1941	Japanischer Angriff auf die US-Flotte in Pearl Harbour.
11. 12. 1941	Kriegserklärung Deutschlands und Italiens an die USA.
11. 11. 1942	Deutschland und Italien besetzen den noch nicht okkupierten Teil Frankreichs.
10. 7. 1943	Alliierte Landung auf Sizilien.
25. 7. 1943	Umsturz in Italien, Verhaftung Mussolinis.

8. 9. 1943	Verkündung des Waffenstillstands zwischen der neuen italienischen Regierung und den Alliierten. Daraufhin Besetzung Nord- und Mittelitaliens durch die deutsche Wehrmacht.
9. 9. 1943	Bildung einer faschistischen Gegenregierung.
12. 9. 1943	Befreiung Mussolinis.
15. 9. 1943	Übernahme der Gegenregierung durch Mussolini (Republik von Salò).
13. 10. 1943	Kriegserklärung der antifaschistischen Regierung Italiens an Deutschland.
6. 6. 1944	Alliierte Invasion in Nordfrankreich.
25. 8. 1944	Einzug de Gaulles in Paris.
9. 9. 1944	Bildung einer provisorischen französischen Regierung unter de Gaulle.
11. 9. 1944	US-Truppen erreichen die Reichsgrenze.
28. 4. 1945	Erschießung Mussolinis durch italienische Partisanen.

Die sowjetischen Ereignisse

23. 8. 1939	Deutsch-sowjetischer Nichtangriffspakt mit geheimem Zusatzprotokoll über die Aufteilung Polens.
1. 9. 1939	Einmarsch der deutschen Wehrmacht in Polen.
17. 9. 1939	Einmarsch der Roten Armee in Polen.
28. 9. bis 10. 10. 1939	Beistandspakt der Sowjetunion mit Estland, Lettland und Litauen (jeweils mit Überlassung von Stützpunkten an die UdSSR).
11. 10. 1939	Beginn (ergebnisloser) sowjetisch-finnischer Verhandlungen über sowjetische Stützpunkte in Finnland.
30. 11. 1939	Angriff der Roten Armee auf Finnland.
12. 3. 1940	Sowjetisch-finnischer Friedensvertrag mit sowjetischen Annexionen in Ostfinnland.
15. 6. 1940	Sowjetischer Einmarsch in Litauen.
17. 6. 1940	Sowjetischer Einmarsch in Estland und Lettland.
21. 7. 1940	Formelle Annexion der drei baltischen Staaten durch die UdSSR und Umwandlung in „Sozialistische Sowjetrepubliken".
28. 6. 1940	Beginn des sowjetischen Einmarsches in Nord- und Ostrumänien (Bukowina und Bessarabien) nach Annahme des sowjetischen Ultimatums vom 26. 6. 1940 durch die rumänische Regierung.

27. 9. 1940	Unterzeichnung des Dreimächtepakts durch Deutschland, Italien und Japan.
20. bis 24. 11. 1940	Ungarn, Rumänien und die Slowakei treten dem Dreimächtepakt bei.
22. 6. 1941	Angriff der deutschen Wehrmacht auf die Sowjetunion.
26. 6. 1941	Finnland erklärt der Sowjetunion den Krieg.
7. 12. 1941	Japanischer Angriff auf die US-Flotte in Pearl Harbour.
11. 12. 1941	Deutsch-italienische Kriegserklärung an die USA.
13. 4. 1943	Entdeckung von über 4.000 Leichen polnischer Offiziere in Massengräbern bei Katyn, die im Frühjahr 1940 dort von den Sowjets ermordet wurden.
26. 4. 1943	Abbruch der diplomatischen Beziehungen der polnischen Exilregierung in London zur Sowjetunion.
Dezember 1943	Liquidation des Kalmückenvolkes durch Verschleppung in den asiatischen Teil der UdSSR.
Juni 1944	Verschleppung der Krimtataren.
21. 7. 1944	Bildung des sowjetisch orientierten „Polnischen Komitees der Nationalen Befreiung“ in Cholm, ab 25. 7. in Lublin („Lubliner Komitee“).
1. 1. 1945	Das Lubiner Komitee erklärt sich zur provisorischen Regierung Polens (sowjetische Anerkennung am 3. 1.).

Jugoslawien

In Europa kann vermutlich Jugoslawien auf die blutigste Vergangenheit zurückblicken. Aber erst das Jahr 1945 sollte dem leidgeprüften Land den blutigsten Frühling seiner Geschichte bringen. Gemessen an der bescheidenen Bevölkerungszahl des Staates waren die Massaker der siegreichen Tito-Partisanen unter Antikommunisten und „unzuverlässigen“ Völkern ungeheuer. Jahrhundertealte nationale, religiöse und soziale Gegensätze hatten schon vor 1945 dazu geführt, dass neben dem einen großen Krieg mehrere kleine der verfeindeten Gruppen untereinander stattfanden und dass alte Rechnungen mit archaischer Grausamkeit beglichen wurden. Und doch stand den Menschen die letzte Steigerung des Schreckens noch bevor.

In dem mehrheitlich albanisch besiedelten Gebiet von Kosovo (Amselfeld) wurden in den ersten Monaten des Jahres 1945 rund 40.000 Skipetaren (Albaner) ermordet[1]. Weitere Tausende albanische Männer,

Frauen und Kinder fielen dem Wüten jugoslawischer Spezialeinheiten des Chefs des Staatssicherheitsdienstes Aleksandar Ranković zum Opfer, als 1948 die geplante Fusion Jugoslawiens mit Albanien scheiterte.

An Montenegrinern wurden allein bei dem Massaker von Zidany Most etwa 6.000 erschossen, unter ihnen Dr. Joanikije Lipovac, der Metropolit von Montenegro, und 70 seiner Priester[2]. Im Norden des Landes wurden nach einer in der Emigration gefertigten Aufstellung 345 katholische Geistliche von Kommunisten ermordet, darunter zwei Bischöfe[3]. Außerdem hat man 12.000 Italiener getötet und in Karsthöhlen geworfen[4]. Ein Vielfaches an Opfern hatte die deutsche Minderheit zu beklagen; von ihr wird im nächsten Kapitel die Rede sein.

Tragödien dieser Art spielten sich im Frühjahr 1945 in fast allen Teilen Jugoslawiens ab. Die weitaus größte aber war die von Bleiburg, einem Kärntner Grenzort, bei dem damals die Demarkationslinie zwischen der britischen Armee und den Tito-Truppen verlief. Der britische General T. P. Scott, Kommandant der 38. Infanterie-Brigade, sah sich am 14. Mai 1945 plötzlich dem 200.000-Mann-Heer des bis dahin selbständigen Staates Kroatien gegenüber, das obendrein an die 500.000 kroatische Zivilisten eskortierte (nach anderen Quellen waren es nur 100.000 Zivilisten). Sie alle wollten sich ergeben und unter britischen Schutz stellen[5]. Die Ankömmlinge erklärten, es finde eine Auswanderung der gesamten kroatischen Nation statt. Der britische Kommandant verweigerte den Grenzübertritt und vereinbarte mit den nachdrängenden Tito-Partisanen einen „fairen Kompromiss“: Die Kroaten hatten sich den Kommunisten gegen Zusicherung korrekter Behandlung zu ergeben. Scott erklärte später: „Ich bekam zugesichert, dass alle in ihre Heimat zurückgeschickt würden und dass für sie gesorgt werde, aber ob das wirklich geschehen ist, weiß ich nicht. Ich habe keine Ahnung, ob sie ohne Ausnahme niedergemacht wurden. Wundern würde mich das nicht.“[6] Das Ende der Episode lässt sich nur in Zahlen ausdrücken: 100.000 bis 240.000 tote Kroaten durch Massenerschießungen, Todesmärsche, Folter sowie einige rechtsstaatlich zweifelhafte Kriegsverbrecher-Prozesse[7].

Selbst wenn man in Rechnung stellt, dass das kroatische Regime in weniger als vier Jahren bis zu 100.000 Serben[8] ermorden ließ, so muss doch festgehalten werden, dass nur eine kleine Minderheit der Kroaten in diese Verbrechen verwickelt war.

Außer dem Heer der faschistisch orientierten Regierung von Kroatien wurden auch die Angehörigen anderer jugoslawischer Truppenteile verfolgt, die gegen Tito gekämpft hatten, so die christlich-konservative slowenische Heimwehr (Slovensko Domobranstvo), die großserbisch-

Die Aufteilung Jugoslawiens 1941

monarchistischen Tschetniks (Četnici), das montenegrinische Freiwilligenkorps und andere kleinere Einheiten[9].

Ein besonders düsteres Kapitel bildete später die durch Täuschung erreichte Überstellung von 20.000 bis 40.000 jugoslawischen Antikommunisten (meist jugendliche Soldaten, aber auch Frauen und Kinder) aus britischem Gewahrsam im Raum Klagenfurt an die Henker jenseits der Grenze[10]; so gut wie alle wurden umgebracht.

Nach vorsichtigen Schätzungen sind in Jugoslawien nach dem Krieg 300.000 Menschen als „Verräter" bzw. „Kollaborateure" getötet worden[11]. Nach anderen – allerdings weniger glaubwürdigen – Quellen sollen gar 1.000.000 Jugoslawen nach dem Krieg eines unnatürlichen Todes gestorben sein[12]. Mag die erste Zahl der Wahrheit auch näher

Jugoslawien nach dem Krieg

kommen als die zweite, allein Titos slowenische Massaker an seinen eigenen Landsleuten sprechen eine erschreckende Sprache: 30.000 Ermordete in Gottschee (Kočevje), 25.000 in St. Veit (Šent-Vid), 40.000 in Marburg (Maribor)[13]. Zum Vergleich die Opferzahlen anderer Massaker des Zweiten Weltkrieges: Lidice 186 tschechische Männer, Katyn 4.143 polnische Offiziere usw. In seinem Memoirenwerk „Der Krieg der Partisanen" beschreibt Titos früherer Mitstreiter Milovan Djilas auf Seite 570 die gespenstische Nachgeburt des blutigsten jugoslawischen Frühlings: „Im slowenischen Zentralkomitee beklagte man sich ein, zwei Jahre später, man habe mit den Bauern aus dieser Gegend Unannehmlichkeiten gehabt. Die unterirdischen Karstflüsse hätten Leichen an die Erdoberfläche geschwemmt. Erzählt wurde auch folgendes:

In seichten Massengräbern verwesend, seien die Leichenhaufen derart aufgequollen, dass es aussah, als ob die Erde atmen würde."

Frankreich und Italien

Auch in Westeuropa kehrten nach dem Rückzug der Besatzungstruppen nicht überall Gerechtigkeit und Frieden ein. Ein amerikanischer Augenzeuge, der Offizier Donald Robinson, hat zum Beispiel aus Frankreich berichtet:

„Im Laufe des Sommers 1944 überschwemmte die Revolution, deren stärkste Triebfeder die Kommunisten waren, den ganzen Süden. Die Ursache ihres teilweisen Scheiterns ist sicher auf die Anwesenheit amerikanischer Truppen zurückzuführen. Von Toulouse bis Nizza herrschte der Terror. Überall waren die Straßen von Zivilisten mit harten Gesichtern bevölkert, auf das unterschiedlichste bewaffnet – mit Dolchen und Gewehren bis zu Handgranaten und amerikanischen Waffen. Sie rollten in Wagen ohne Türen über die Boulevards, um im Ernstfall schneller und leichter schießen zu können. Jedes Viertel, jede Straße wurde gesäubert, durchsucht, nicht nur nach Angehörigen der Miliz, sondern auch nach Leuten, die sich ihre politische Feindschaft zugezogen hatten. Sogar Amerikaner befanden sich unter den Opfern. Soldaten wurden getötet, verwundet, und auf mich selbst schoss man bestimmt ein dutzendmal."[14]

Die Gewaltakte waren aber keineswegs ein Privileg kommunistischer Gruppen. Bereits in dem Rundschreiben der „Vereinigten Untergrundbewegungen" in Algier vom 15. 10. 1943 waren sehr eindeutige Verhaltensregeln für den Tag X enthalten: „Selbst wenn die Bedingungen der Machtübernahme durch das Nationale Französische Befreiungskomitee den sofortigen, gewaltlosen Zusammenbruch der Vichy-Regierung bewirkten, wäre es doch töricht und beleidigend für das französische Volk, auf einen bewaffneten Massenaufstand und damit auf seinen Anspruch auf gerechte Vergeltung zu verzichten."[15]

Von Säuberungsmaßnahmen verschiedenster Art betroffen wurden schätzungsweise 1,5 bis 3 Millionen Franzosen; die Zahl der Verhafteten wird bei einer Million zu suchen sein[16]. Paul Serant bezeichnet diese Vorgänge als die größte Säuberung der französischen Geschichte[17].

Nicht von den zahlreichen Folterungen und Grausamkeiten[18], sondern nur noch von den Getöteten soll abschließend hier die Rede sein. Ihre Zahl dürfte mindestens bei 40.000[19], wahrscheinlich aber um die 100.000 liegen[20]. Die meisten verfahrenslosen Hinrichtungen ereigneten sich in Südfrankreich, wo die Untergrundbewegung am stärksten gewesen war[21]. Daneben gab es auch eine Reihe von formellen Gerichtsverfahren mit Todesurteilen[22]; allerdings wurden nur 767 dieser Urteile vollstreckt[23].

Noch verlustreicher und nicht weniger grausam klang der Krieg in Italien aus. Der Schwerpunkt der summarischen Hinrichtungen und der Lynchjustiz lag in Oberitalien[24]. Hans Woller berichtet: „Im Norden tobten 1944/45 drei Kriege gleichzeitig: der Zweite Weltkrieg, ein erbitterter Bürgerkrieg zwischen Faschisten und Antifaschisten und ein Klassenkrieg der proletarischen Schichten gegen ihre ‚bourgeoisen Ausbeuter'. In den außer Rand und Band geratenen Verhältnissen dieses dreifachen Krieges kam es zu einer Renaissance des blutigen *squadrismo* der zwanziger Jahre, zu unvorstellbaren Grausamkeiten ..."[25] Obwohl der Literatur sehr unterschiedliche Schätzungen zu entnehmen sind[26], dürfte die Zahl der italienischen Nachkriegsopfer jedenfalls in der Größenordnung um die 100.000 zu suchen sein[27]. Neben Patrioten und Kommunisten agierten in Italien auch kriminelle und anarchistische Elemente („Partisanen der letzten Stunde"). Dass die Ausschreitungen nicht immer antifaschistischen Leidenschaften entsprangen, zeigen unter anderem die zahlreichen Fälle von Plünderung, Raubmord etc. Ermordet wurde u.a. der Philosoph Giovanni Gentile.[28]

Weit weniger blutig, wenn auch nicht immer rechtsstaatlich, verliefen die Säuberungen in den anderen westlichen Ländern[29]. „Wilde Säuberungen" ereigneten sich in Norwegen, Dänemark, Holland und Belgien, wobei die belgischen Vorgänge am wenigsten rechtsstaatlich (Sippenhaft, Folter etc.) und tendenziell gegen die flämische Mehrheitsbevölkerung gerichtet waren[30]. Einige tausend summarische Hinrichtungen bzw. Morde gab es allerdings in Griechenland[31], wo sich der Konflikt zwischen Kommunisten und Royalisten und der kommende Bürgerkrieg schon abzeichneten.

Sowjetischer Machtbereich

Die in London erscheinende exilpolnische Tageszeitung „Dziennik Polski" konstatierte 1985, die „sogenannte Befreiung Polens" im letzten Kriegsjahr habe das Land mehr Opfer gekostet als der September-Feldzug 1939[32]. Diese Stelle lässt ahnen, dass Stalins Sieg für viele Völker Osteuropas keineswegs ein besseres Leben bedeutete. Die baltischen Nationen zum Beispiel „befreite" Stalin von ihrer Intelligenz- und Führungsschicht, indem er Hunderttausende in den asiatischen Teil der Sowjetunion deportierte, und eine Reihe kleinerer Völker liquidierte er teilweise oder ganz; Krimtataren, Kalmücken und Tschetschenen sind die bekanntesten von ihnen. Allein im sowjetischen Machtbereich starben bei solchen Gelegenheiten Millionen von Menschen nach Ende der Kampfhandlungen in den betreffenden Gebieten.

Chronologisch gesehen bietet sich das folgende Bild, wobei beachtet werden muss, dass die Zeit zwischen 1939 und 1945 aus Moskauer Sicht durch eine Anzahl selbständiger, voneinander unabhängiger Kriege und Militäraktionen bestimmt ist, denen jeweils eine spezifische Nachkriegsphase folgte. Die besonderen Verhältnisse der Sowjetunion lassen es nicht zu, die Kriegsereignisse und -opfer in der Darstellung ganz auszuklammern. Zum besseren Verständnis der Zusammenhänge musste daher an einigen Stellen weiter ausgeholt werden.

Nachdem Wehrmacht und Rote Armee im September 1939 Polen angegriffen und überrannt hatten, annektierte die Sowjetunion die Gebiete Polens mit ukrainischer bzw. weißrussischer Bevölkerungsmehrheit. Die anschließende Säuberung vollzog sich nach stalinistischem Muster: Massenerschießung von Missliebigen und Massendeportation von potentiellen Regimegegnern in den Archipel Gulag. Verschleppt wurden so gut wie alle Flüchtlinge aus West- und Mittelpolen, Vertreter des öffentlichen Dienstes, alle Gebildeten und Wohlhabenden. Von den 1,65 bis 2,5 Millionen Deportierten waren 52 Prozent Polen, 30 Prozent Juden und 12 Prozent Ukrainer und Weißrussen. Weit über die Hälfte dieser Unglücklichen dürfte umgekommen sein[33]. – Im Frühjahr 1940 ließ Stalin das gefangene polnische Offizierskorps durch Genickschuss beseitigen. Über 4.000 Leichen fand man später im Wald von Katyn bei Smolensk – nur einen Bruchteil der tatsächlichen Opferzahl. Von den 230.000 polnischen Kriegsgefangenen in der UdSSR dürften nach einer Schätzung insgesamt nur 82.000 überlebt haben[34].

Am 30. 11. 1939 marschierte die Rote Armee ins neutrale Finnland ein, kam aber nur langsam voran. Am 12. 3. 1940 endete der Feldzug mit dem Frieden von Moskau und der Abtretung Finnisch-Kareliens an die Sowjetunion. Abgesehen von den gewaltigen russischen Militärverlusten von über 200.000 Mann (Chruschtschow sprach sogar von einer Million), sind an dem „Winterkrieg“ zwei Dinge bemerkenswert, nämlich einmal die Verschleppung der starken finnischen Minderheit aus den Räumen Leningrad und Sowjetisch-Karelien in die Lager nördlich vom Polarkreis[35] und zum anderen die Behandlung der aus der Kriegsgefangenschaft zurückkehrenden Rotarmisten. Über sie schreibt Nikolai Tolstoy: „Sie hatten einen Blick auf das wirkliche Leben im nichtkommunistischen Westen geworfen. Die Gefahr, dass dieser Virus die ganze Sowjetbevölkerung infizieren könnte, war offenkundig, und die Gefangenen, die nach dem Krieg heimkehrten, wurden sofort in Arbeitslager gebracht und zumeist nie wiedergesehen."[36] Die ethnisch-rassische Verfolgung „unzulässiger" Sowjetvölker und die politische Verfolgung der eigenen Heimkehrer sollten sich später bei den Wolgadeutschen und den befreiten, sog. Fremdarbeitern aus Deutschland in einem weit größeren Umfang wiederholen.

Während aus den annektierten finnischen Gebieten die zurückgebliebene Bevölkerung vollständig vertrieben wurde (über 420.000 oder 11 Prozent der finnischen Gesamtbevölkerung), beschränkten sich die Sowjets nach dem Einmarsch im östlichen und nördlichen Rumänien (Bessarabien und Nordbukowina) im Frühsommer 1940 auf die Verschleppung von 200.000 bis 300.000 Menschen aus der mehrheitlich rumänischen Bevölkerung in östliche Lager[37] unter den bekannten mörderischen Bedingungen.

Fast gleichzeitig mit dem Überfall auf Rumänien erfüllte sich das Schicksal der Esten, Letten und Litauer. Ihre Staaten überflutete ein Riesenaufgebot von Rotarmisten; in Litauen zum Beispiel kam auf acht Einwohner ein Sowjetsoldat. Die Führungsschicht dieser Länder wurde systematisch ausgerottet. In Lettland zum Beispiel verschwanden 24.250 Menschen (2 Prozent der Gesamtbevölkerung) spurlos; viele wurden nicht einfach ermordet, sondern buchstäblich zu Tode gequält[38] – offenbar zu Abschreckungszwecken. Zugleich setzten Deportationen ein, die erst gegen Ende der 40er Jahre endgültig aufhörten. Die Gesamtzahl der verschleppten Balten dürfte bei 590.000 liegen; einzelne Schätzungen nennen Zahlen bis zu einer Million[39]. Der größte Teil der Deportierten starb in Konzentrationslagern.

Nach dem Einfall Hitlers in Russland (22. 6. 1941) setzten neue sowjetische Massaker im ehemaligen Ostpolen, in der Ukraine und im Baltikum ein. Die Leichen, die deutsche Truppen in den Folterkellern und Gefängnissen von Lemberg, Riga, Winniza und an vielen anderen Orten fanden, waren zum Teil in einem unbeschreiblichen Zustand[40]. Insassen der Konzentrationslager, die man angesichts des schnellen Vormarsches der Wehrmacht nicht mehr rechtzeitig räumen konnte, wurden oft zu Tausenden mit Maschinengewehren niedergemäht[41]. Aber auch in den östlichen Lagern gab es oft eine „vorsorgliche" Massenexekution, nur um ein Exempel zu statuieren[42]. Während im Westen der sowjetische Diktator ums Überleben kämpfte, fand er nichts dabei, im Osten eine Million Mann[43] nur mit der Bewachung der zahlreichen KZs und Gefängnisse zu beschäftigen. Dieses Aufgebot erscheint ungewöhnlich groß, selbst wenn man bedenkt, dass der Archipel Gulag schon 1938 eine Bevölkerung von 16 Millionen hatte[44].

Spezielle Militärtribunale durchkämmten nach Kriegsausbruch jede Stadt und erschossen oder deportierten alles, was ihnen irgendwie verdächtig schien[45]. Dass Stalin die Front gegen den inneren Feind vielleicht noch wichtiger erschien als die gegen den äußeren, zeigt auch die Tatsache, dass der Bevölkerung die Radiogeräte einschließlich der Ersatzteile weggenommen wurden (schon eine nicht abgelieferte Radiolampe bedeutete 10 Jahre Lager[46]). Erwähnenswert, wenn auch nicht unmittelbar zum Thema gehörend, ist in diesem Zusammenhang das „Verheizen" kaum oder nichtbewaffneter Strafbataillone beim Durchmarsch durch Minenfelder oder beim Binden gegnerischen Feuers oder die Vernichtung ganzer (eigener) Armee-Einheiten, die sich als unzuverlässig oder verdächtig erwiesen hatten[47].

Nachdem die Rote Armee militärisch wieder Tritt gefasst hatte, wiederholte sich im Westen der Sowjetunion, was schon aus den Jahren zwischen 1939 und 1941 bekannt war: Massendeportationen und -exekutionen von Balten, Polen, Ukrainern und nun auch von unzähligen russischen Kollaborateuren und Verdächtigen. 1944 wurden sogar polnische Widerstandskämpfer, die in Ostpolen auf Seiten der Sowjets gekämpft hatten, divisionenweise in KZs verfrachtet[48]. Nach amerikanischen Erkenntnissen errichteten die Sowjets in Polen nach dem Krieg 17 Konzentrationslager für Gegner ihrer Besetzung[49].

Neu in der sowjetischen Lagerwelt waren die 320.000 (nach anderer Berechnungsweise 420.000) rumänischen Kriegsgefangenen; weniger als die Hälfte von ihnen hat die Heimat wiedergesehen[50]. Aus Ungarn holten sich die Sowjets 600.000 Zwangsarbeiter (diese Zahl umfasst ungarische Zivilisten, Kriegsgefangene und 30.000–35.000 Ungarndeutsche[51]).

Neu war auch die Beinahe-Auslöschung ganzer Völker durch Verschleppung und Dezimierung. Es handelte sich hier um mehrere kleine, überwiegend islamische Völker im Gebiet von Krim, Wolga und Kaukasus, vor allem um Tschetschenen (407.000), Krimtataren (202.000), Kalmücken (134.000) usw.; die Wolgadeutschen werden im nächsten Kapitel separat behandelt. Etwa 1,3 Millionen Angehörige dieser Nationalitäten wurden zwischen 1943 und 1949 deportiert[52]. Robert Conquest hat aus amtlichen Moskauer Quellen eine „offiziöse" Verlustziffer von 22 Prozent der Verschleppten errechnet[53]. Als realistisch sieht er aber etwa 40 Prozent an, was der 1989 verstorbene prominente Dissident Andrei Sacharow ausdrücklich bestätigt[54].

In seiner viel zitierten Geheimrede auf dem 20. Parteitag der KPdSU erklärte Parteisekretär Chruschtschow am 25. 2. 1956 zu Stalins Völkermord wörtlich: „Die Ukrainer entgingen diesem Schicksal lediglich deshalb, weil sie zu zahlreich sind und kein Raum vorhanden war, wohin man sie hätte deportieren können. Sonst hätte er auch sie deportiert." Tatsächlich aber hat Stalin gegen Ende des Krieges annähernd eine Million Ukrainer verschleppt[55]; unnötig, die offizielle Begründung hierfür zu wiederholen.

Nach dem Krieg wurden 5,5 Millionen ehemalige Sowjetbürger repatriiert – Kriegsgefangene, „Fremdarbeiter", Flüchtlinge, aktive Antikommunisten, Emigranten aus der Vorkriegszeit[56]. 2,27 Millionen davon hatten die Anglo-Amerikaner gegen den Willen der Betroffenen und teils unter Gewaltanwendung ausgeliefert. Tausende wurden sofort erschossen, der Rest überwiegend in Konzentrationslager verbracht, wo die Mehrheit umkam[57]. Mit ihren Familien als Verbrecher behandelt wurden nicht nur Soldaten der Wlassow-Armee und Kosaken, die auf deutscher Seite gegen Stalin gekämpft hatten, sondern auch russische Zwangsarbeiter aus Deutschland und sogar gestrandete Sowjetmatrosen aus Schweden[58] – offenbar hatten sie im Westen zu viel gesehen.

Noch im Januar 1946 verschickte die schwedische Regierung geflohene Balten gewaltsam und ohne jeden Grund – anders als die Anglo-Amerikaner hatte sie nicht einmal ein entsprechendes (völkerrechtswidriges) Abkommen unterzeichnet – nach Osten, in den sicheren Tod. Nach Meinung des sozialdemokratischen Außenministers Osten Undén „bestand nicht der geringste Grund, die sowjetische Regierung der Ungerechtigkeit zu verdächtigen ... es wäre taktlos, die Sowjetunion als etwas anderes als einen Rechtsstaat zu betrachten"[59].

Zum Thema der antikommunistischen Kämpfer bliebe nachzutragen, dass die Sowjetunion z. Zt. des Zweiten Weltkrieges mehr Überläufer als Anti-Hitler-Partisanen hervorgebracht hat[60], dass es mehr als 100 große Partisanengruppen gab, die im Rücken der Roten Armee operierten, und zwar in Gegenden, die nie von Deutschen besetzt wurden[61], und dass auch nach dem Krieg baltische, polnische und vor allem ukrainische Partisanen (letztere unter ihrem Anführer Bandera) den Sowjets jahrelang zu schaffen machten[62]. In der polnischen Region Sandomierz zum Beispiel wurden zwischen dem 14. 8. 1944 und 13. 2. 1945 von den sowjetischen Besatzern mehr Menschen verhaftet als in den vier Jahren der NS-Herrschaft[63].

All diese Gewalt- und Bluttaten Stalins werfen auch ein neues Licht auf die 20 Millionen „Kriegsopfer" der Sowjetunion[64]. Der Historiker Nikolai Tolstoy kommt nach eingehender Analyse aller einzelnen

Vorgänge zu einer ebenso logischen wie überraschenden Konsequenz: „Es ist offenkundig, dass die Todesfälle, die den Deutschen unmittelbar zuzuschreiben sind, nur ein Drittel, höchstens die Hälfte der sowjetischen Gesamtverluste an Menschenleben in den Jahren 1939–1945 ausmachen.“[65] Etwas weniger überraschend wirkt diese Schlussfolgerung vielleicht, wenn man bedenkt, dass nach Erkenntnissen französischer und belgischer Wissenschaftler, die mit denen des Internationalen Roten Kreuzes übereinstimmen, die ersten fünf Jahrzehnte der Sowjetherrschaft rund 49 Millionen Menschen das Leben gekostet haben, Kriegsopfer nicht eingerechnet[66]. Nach den Untersuchungen russischer Soziologen forderte die Sowjetherrschaft sogar 52 bis 66 Millionen Menschenopfer[67]. Stéphane Courtois nennt in seinem „Schwarzbuch des Kommunismus“ zwar niedrigere Zahlen, kommt aber auf 100 Millionen Opfer des Kommunismus weltweit[68].

Straflager (GuLag) Workuta. Aufnahme aus dem Jahr 1940

2. Vertreibung

Zeittafel

Die nachstehende Chronik ist eine gekürzte Fassung der „Zeittafel der Vorgeschichte und des Ablaufs der Vertreibung ...“, die 1959 in Bonn vom Bundesministerium für Vertriebene, Flüchtlinge und Kriegsgeschädigte herausgegeben wurde.

1938

29. 9. 1938	Münchener Abkommen (Großbritannien, Frankreich, Italien, Deutsches Reich) über Anschluss des Sudetenlandes an das Deutsche Reich.
Dezember 1938	Präsident Benesch und (später Minister) Ripka erörtern Ausweisung der Sudetendeutschen nach einem erwarteten, erfolgreich verlaufenden Krieg.

1939

15. 3. 1939	Hitler besetzt die Tschechoslowakei; Errichtung des Protektorates Böhmen und Mähren.
1. 9. 1939	Deutscher Einmarsch in Polen.
17. 9. 1939	Note der Sowjetregierung an Polen und Einmarsch der Roten Armee in Ostpolen.

1941

22. 6. 1941	Das Deutsche Reich erklärt der Sowjetunion den Krieg, deutsche Truppen marschieren in Russland ein.
14. 8. 1941	Atlantik-Charta (Roosevelt und Churchill). Punkt 2 bestätigt: „Die unterzeichnenden Länder wünschen keine Gebietsveränderungen, die nicht mit den frei geäußerten Wünschen der betroffenen Völker übereinstimmen.“

15. 8. 1941	Beginn der Deportationen der Wolgadeutschen nach Sibirien und Zentralasien, Auflösung der Republik der Wolgadeutschen in der Sowjetunion.
September 1941	Exilpräsident Benesch fordert Ausweisung der Sudetendeutschen.
11. 12. 1941	Deutschland erklärt den USA den Krieg.
16. 12. 1941	Stalin und Molotow verlangen von Eden (britischer Außenminister) in Moskau Abtretung Ostpreußens an Polen.

1942

September 1942	Die britische Regierung teilt der tschechoslowakischen Exilregierung in London mit, dass sie im Prinzip nichts gegen eine Ausweisung der Sudetendeutschen einzuwenden habe.

1943

28. 11. bis 1. 12. 1943	Konferenz von Teheran (Roosevelt, Churchill, Stalin) behandelt unter anderem neue polnische Grenzen, Churchill schlägt die Oderlinie als polnische Westgrenze und Abtretung ganz Oberschlesiens an Polen vor. Von der Neiße (westliche oder östliche) ist nicht die Rede. Roosevelt und Churchill stimmen Stalins Forderung nach dem Gebiet von Königsberg zu, der dann bereit war, Churchills Vorschlag zugunsten Polens anzunehmen. Roosevelt regt „Bevölkerungsaustausch“ für die betroffenen Gebiete an, Stalin hält Durchführung für möglich.

1944

Oktober 1944	Volksdeutsche aus Nordsiebenbürgen und Ungarn werden behördlich nach Österreich und Schlesien evakuiert; Beginn der Flucht aus dem Memelland und aus Ostpreußen nach Pommern.
21. 11. 1944	Internierung der Volksdeutschen und Liquidation ihres Besitzes in Jugoslawien beginnt.
10. 12. 1944	De Gaulle und Außenminister Bidault schließen in Moskau den sowjetisch-französischen Freundschaftsvertrag und kommen überein, das linke Rheinufer an Frankreich, Ostpreußen, Pommern und Schlesien an Polen fallen zu lassen.

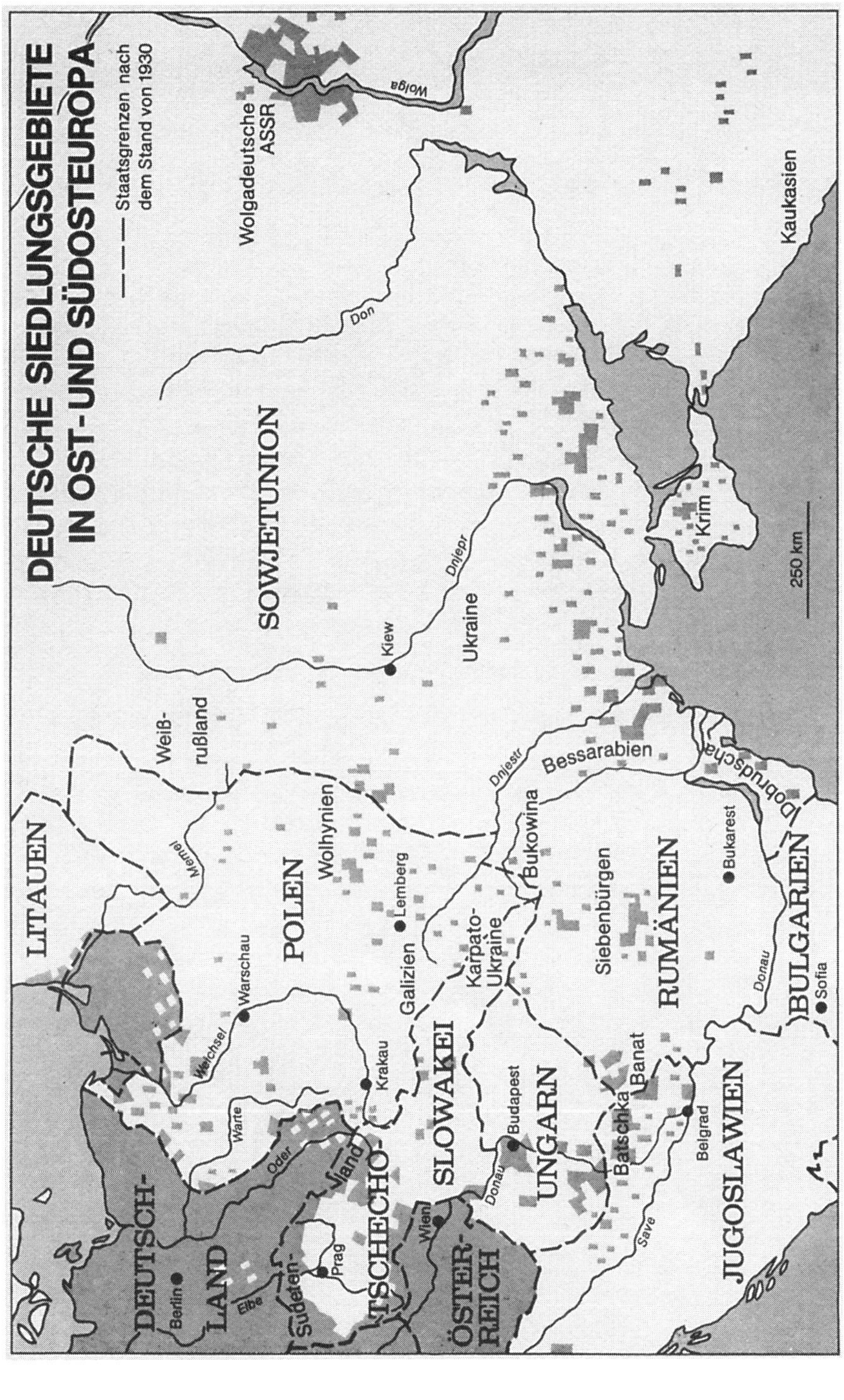
DEUTSCHE SIEDLUNGSGEBIETE
IN OST- UND SÜDOSTEUROPA
Staatsgrenzen nach dem Stand von 1930
Wolgadeutsche ASSR
Wolga
Kaukasien
SOWJETUNION
Don
Dnjepr
Kiew
Ukraine
Krim
250 km
Weiß-rußland
LITAUEN
POLEN
Wolhynien
Memel
Warschau
Lemberg
Galizien
Weichsel
Krakau
Warte
Oder
DEUTSCH-LAND
Berlin
Elbe
Sudeten-land
Prag
TSCHECHO-SLOWAKEI
Karpato-Ukraine
Bukowina
Dnjestr
Bessarabien
Dobrudscha
RUMÄNIEN
Siebenbürgen
Bukarest
BULGARIEN
Sofia
Donau
Banat
Batschka
UNGARN
Budapest
Wien
ÖSTER-REICH
Belgrad
Save
JUGOSLAWIEN

17. 12. 1944	Arciszewski (Chef des polnischen Exilkabinetts in London) verlangt Ostpreußen, Oberschlesien und Teile von Pommern für Polen, wünscht jedoch weder Breslau noch Stettin.
Dezember 1944 bis Januar 1945	Volksdeutsche aus Rumänien, Ungarn und Jugoslawien werden in die Sowjetunion verschleppt.

1945

3. – 12. 2. 1945	Krimkonferenz in Jalta (Churchill, Roosevelt, Stalin): Polen soll durch beträchtlichen Gebietszuwachs im Westen und Norden für Abtretungen im Osten entschädigt werden. Die endgültige Festlegung der Westgrenze Polens ist bis zur Friedenskonferenz zurückgestellt worden. Ein Geheimprotokoll sieht als Reparationen unter anderem die Verwendung von Deutschen als Arbeitskräfte vor.
28. 2. 1945	Maßnahmen gegen die in Polen zurückgebliebenen Deutschen und Volksdeutschen, wie Unterbringung in Arbeitslagern, Vermögensentzug u. ä., laufen an.
Februar 1945 bis April 1945	Massenverschleppungen von Deutschen aus den von der Roten Armee besetzten Gebieten in die Sowjetunion. Behördlich angeordnete, wilde Ausweisung aus den polnisch verwalteten Gebieten östlich der Oder-Neiße-Linie durch polnische Miliz erzwungen.
8. 5. 1945	Bedingungslose Kapitulation der deutschen Wehrmacht und Abschluss der Kämpfe in Europa.
14. 6. 1945	Beginn der Ausweisung der Sudetendeutschen auf Anweisung örtlicher tschechischer Militärkommandanten.
17. 7.–2. 8. 1945	Konferenz in Potsdam (Stalin, Churchill/Attlee, Truman).
2. 8. 1945	Potsdamer Erklärung – Art. IX: „Die drei Regierungschefs bekräftigen ihre Auffassung, dass die endgültige Fassung der Westgrenze Polens bis zu der Friedenskonferenz zurückgestellt werden soll.“ Art. XIII: „Die drei Regierungen erkennen an, dass die Überführung der deutschen Bevölkerung oder Bestandteile derselben, die in Polen, der Tschechoslowakei und Ungarn zurückgeblieben sind, nach Deutschland durchgeführt werden muss.“

Das Massaker von Nemmersdorf (Ostpreußen) im Oktober 1944

Oktober 1945 bis 1948	Austreibung der Deutschen aus Polen und aus den polnisch verwalteten deutschen Provinzen jenseits der Oder-Neiße-Linie (Einzeltransporte bis zum Jahre 1950).
1946	
2. 6. 1946	Ansprache des Papstes zur Not der Kriegsgefangenen und Vertriebenen. Er fordert, das System der Gefängnisse und Konzentrationslager zu beenden.
1948	
24. 3. 1948	Die Konzentrationslager für Deutsche werden in Jugoslawien aufgehoben.

Verluste an Menschenleben

Nicht nur im Osten gab es Vertreibungen; auch im Westen wurden rund 200.000 Deutsche ausgewiesen. Die meisten kamen aus dem Elsass, einige aus dem Saargebiet und Luxemburg. Da dieser Vorgang aber nicht zu nennenswerten Bevölkerungsverlusten führte, kann er im Rahmen dieses Buches unberücksichtigt bleiben.

Äußert verlustreich verliefen Flucht und Vertreibung im Osten. Dass angesichts der Massenverbrechen der Roten Armee Millionen Flüchtlinge um ihr Leben laufen mussten und dabei durch Kälte und Erschöpfung dezimiert wurden, dass dann in polnischen, russischen, tschechischen und jugoslawischen KZs Hunderttausende Opfer der Unmenschlichkeit wurden und dass schließlich Unzählige in der Heimat oder auf Vertreibungstransporten an Hunger und Seuche starben, ist schon des Öfteren berichtet worden. Selten untersucht dagegen wurde der Umfang der Menschenverluste in den Vertreibungsgebieten.

Bei der Ermittlung der deutschen Bevölkerungsverluste jenseits von Oder und Neiße und in den auslandsdeutschen Siedlungsgebieten in Ost- und Südosteuropa gilt es zunächst, den dortigen Bevölkerungsstand gegen Ende des Krieges festzustellen. In mehrjähriger Forschungsarbeit, deren Einzelheiten hier naturgemäß nicht wiedergegeben werden können, hat eine Expertenkommission des Statistischen Bundesamtes für die Vertreibungs- und Deportationsgebiete eine Bevölkerungszahl von über 16,5 Millionen zum Stichtag berechnet, wovon auf das Reichsgebiet (in den Grenzen von 1937) 9,29 Millionen und auf Danzig, Memelland, Sudetenland und die anderen Regionen rund 7,25 Millionen entfallen[1].

Diese Zahlen umfassen nur die ständigen Bewohner der genannten Gebiete. Angesichts der zum Teil schwierigen Quellenlage in den 1950er Jahren mussten bei den Erhebungen des Statistischen Bundesamtes die Russlanddeutschen (Sowjetunion in ihren Vorkriegsgrenzen) ebenso unberücksichtigt bleiben wie die nach 1939 im Osten zugezogenen West- und Mitteldeutschen[2]. Beide Gruppen wurden aber auch verfolgt und hatten entsprechend hohe Menschenopfer zu beklagen.

In den russlanddeutschen Siedlungsgebieten lebten nach amtlichen Moskauer Angaben bei Kriegsbeginn knapp anderthalb Millionen Deutsche. Wegen der bekannten Tendenz der sowjetrussischen Statistiker, die Zahl der Minderheiten möglichst niedrig erscheinen zu lassen, schätzt man die tatsächliche Zahl der Deutschen auf bis zu 2 Millionen[3]. Ebenso wie die Krimtataren, Kalmücken und andere nichtrussische Volksgruppen wurden die Russlanddeutschen noch während des Krieges unter menschenunwürdigen Bedingungen in den asiatischen Teil der Sowjetunion zwangsweise umgesiedelt bzw. verschleppt.

Das Schicksal der einheimischen Deutschen in den Vertreibungsgebieten teilten die Zugezogenen. Es waren dies vor allem die Luftkriegsevakuierten. Allein in den Oder-Neiße-Gebieten zählte man 825.000 Evakuierte[4]. Dazu kamen noch Bombenkriegsflüchtlinge in den anderen Vertreibungsgebieten wie Sudetenland und „Warthegau“, die als wenig luftkriegsgefährdet galten[5]. Unter Berücksichtigung aller Umstände muss mit weit über einer Million Evakuierten im Osten gerechnet werden.

Daneben aber sind die sog. ausgelagerten Betriebe aus den bombengefährdeten west- und mitteldeutschen Landesteilen und ihre Belegschaften, zugezogene Verwaltungsbeamte und ihre Familien und die sog. Kinderlandverschickung zu erwähnen. Zu diesen Gruppen finden sich – abgesehen von den nur bedingt ergiebigen sog. Verbrauchergruppenstatistiken – lediglich bruchstückhafte Angaben, etwa, dass sich in den gesetzten tschechischen Gebieten („Protektorat Böhmen und Mähren“) 400.000 Reichsdeutsche aufhielten[6], dass schon 1940 im Sudetenland 200.000 Deutsche zugezogen waren oder dass in Danzig und in den besetzten polnischen Gebieten 460.000 (nach einer anderen Quelle 590.000) Reichsdeutsche lebten[7].

Alles in allem ergibt sich bei vorsichtiger Schätzung ein Zugang von 2–2,5 Millionen Menschen in den Vertreibungsgebieten, was mehrere Autoren ausdrücklich bestätigten[8].

Eine Bilanz der potentiellen Vertreibungsopfer müsste daher etwa folgendermaßen aussehen:

16,5	Millionen Einheimische in allen Vertreibungsgebieten ohne Sowjetunion (in ihren Vorkriegsgrenzen)
1,5	Millionen Russlanddeutsche (Mindestschätzung)
2,0	Millionen zugezogene West- und Mitteldeutsche (Mindestschätzung)
20,0	Millionen deutsche Aufenthaltsbevölkerung in den Vertreibungs- und Deportationsgebieten gegen Ende des Krieges

Als Nachkriegsverluste hat das Statistische Bundesamt in seiner erwähnten Untersuchung diejenigen Verluste der deutschen Zivilbevölkerung im Osten bezeichnet, die nach Ende der Kampfhandlungen in den betreffenden Gebieten eingetreten sind[9]. Um die entsprechenden Zahlen zu gewinnen, mussten gefallene Soldaten, Opfer des Bombenkrieges und nach Möglichkeit auch Opfer von Erdkämpfen aus der Bilanz eliminiert werden. In Pommern und Schlesien gelang dies vollständig; in Schlesien zum Beispiel zählte man in den letzten Kriegstagen 80.000 zivile Kriegsopfer, im Pommern 35.000[10]. In Ostpreußen und Ostbrandenburg war eine solche Differenzierung allerdings nicht möglich. Da aber einerseits die Wissenschaftler bei den Verlustschätzungen bewusst nur Mindestwerte angesetzt haben und andererseits gewisse nicht als Kampfhandlungen zu bezeichnende Komplexe wie zum Beispiel die Massakrierung deutscher Zivilisten durch slowakische und jugoslawische Partisanen vor Durchzug der Front und die Opfer der Prager Mai-Pogrome von 1945 (überwiegend nach dem 8. 5. 1945) nicht in der Verlustbilanz enthalten sind[11], dürfte sich am Endergebnis nicht allzu viel ändern[12].

Die Ermittlungen des Statistischen Bundesamtes, die nach dem international üblichen System der Bevölkerungsbilanzen angestellt wurden[13], kamen ohne Berücksichtigung der Russlanddeutschen und der nach 1939 Zugezogenen zu folgender Bilanz der vertreibungsbedingten Bevölkerungsverluste:

Bekanntmachung

fuer die deutsche Bevoelkerung

Im interesse aller Deutschen rufen wir die deutsche Bevölkerung auf, sich am **18. Oktbr. 1945** zur freiwilligen Abreise nach Deutschland in dem **Barackenlager Karl Roonschstr. um 7 Uhr** zu melden. Falls dieser Befehl nicht ausgeführt wird, kommen alle Deutschen in ein Straflager.

Es wird weiter bekannt gegeben:

Jeder abreisende Deutsche hat eine Liste in d r e i Ausführungen über sein zurückbleibendes festes Inventar aufzustellen. Diese Listen müssen von dem Hausverwalter oder von zwei zurückbleibenden im gleichen Hause wohnenden Bürgern unterschrieben sein. Zwei Listen bleiben bei den Bürgern gegen eine Quittung. Eine behält der Abreisende, gegen welche er die Ausreisegenehmigung erhält.

Die Abfahrt der Deutschen nach Deutschland

ist bis zum 22. X. 45, morgens 7 Uhr verlängert.

Alle Deutschen müssen am 22. 10. 45, um 7 Uhr morgens am Sammelpunkt sich melden.

Stadthauptmannschaft Olsztyn

Die neue polnische Behörde in Allenstein (Ostpreußen) fordert die dort noch verbliebene deutsche Bevölkerung „zur freiwilligen Abreise nach Deutschland" auf (14. Oktober 1945),

	in absoluten Zahlen	in Prozent der (deutschen) Einwohner
Ostpreußen	299.000	14
Ostpommern	364.000	20
Ostbrandenburg	207.000	35
Schlesien	466.000	10
Danzig	83.000	20
Baltische Staaten einschließlich Memelland	51.000	21
Tschechoslowakei einschließlich Sudetenland	272.000	8
Polen	185.000	14
Ungarn	57.000	15
Jugoslawien	135.000	25[14]
Rumänien	101.000	12

Insgesamt ergibt sich eine Verlustzahl von rund 2,23 Millionen. Die Schätzungen wurden, wie schon erwähnt, „mit größter Vorsicht vorgenommen“; sie stellen in der Regel Mindestzahlen dar[15].

Die Untersuchung bezeichnet die Verlustzahlen auch als „ungeklärte Fälle“, betont aber zugleich, dass von den Verschollenen die wenigsten überlebt haben dürften[16]. Der Größenordnung nach können „ungeklärte Fälle“ und Vertreibungsverluste jedenfalls gleichgesetzt werden. Eine spätere Publikation des Statistischen Bundesamtes nennt zum Beispiel eine Zahl von 2,11 Millionen[17], während die jüngste vorliegende Untersuchung, nämlich die unveröffentlichte „Gesamterhebung zur Klärung des Schicksals der deutschen Bevölkerung in den Vertreibungsgebieten“, die der Kirchliche Suchdienst in München in den 1960er Jahren erstellte, auf 2,3 Millionen kommt[18]. Natürlich kann es sein, dass Korrekturen nach unten nötig werden, weil zum Beispiel mehr Verschollene überlebt haben als ursprünglich angenommen (so geschehen im Fall der Jugoslawiendeutschen) oder weil die Wehrmachtsverluste höher waren und somit die Zahl der „ungeklärten Fälle“ niedriger, worauf vor allem Rüdiger Overmans hinweist[19]. Aber auch Korrekturen nach oben sind denkbar, wenn sich nach Auswertung bisher unzugänglicher DDR-Unterlagen erweisen sollte, dass dort weitaus weniger Sudetendeutsche lebten als bisher vermutet, was zum Beispiel Fritz Peter Habel annimmt[20].

Nationalistische Kreise in Prag und Warschau haben mehrfach versucht, die Zahl der Vertreibungsopfer zu minimieren – was vorhersehbar

Sonderbefehl

für die deutsche Bevölkerung der Stadt Bad Salzbrunn einschliesslich Ortsteil Sandberg.

Laut Befehl der Polnischen Regierung wird befohlen:

1. Am 14. Juli 1945 ab 6 bis 9 Uhr wird eine Umsiedlung der deutschen Bevölkerung stattfinden.
2. Die deutsche Bevölkerung wird in das Gebiet westlich des Flusses Neisse umgesiedelt.
3. Jeder Deutsche darf höchstens 20 kg Reisegepäck mitnehmen.
4. Kein Transport (Wagen, Ochsen, Pferde, Kühe usw.) wird erlaubt.
5. Das ganze lebendige und tote Inventar in unbeschädigtem Zustande bleibt als Eigentum der Polnischen Regierung.
6. Die letzte Umsiedlungsfrist läuft am 14. Juli 10 Uhr ab.
7. Nichtausführung des Befehls wird mit schärfsten Strafen verfolgt, einschließlich Waffengebrauch.
8. Auch mit Waffengebrauch wird verhindert Sabotage u. Plünderung.
9. Sammelplatz an der Straße Bhf. Bad Salzbrunn-Adelsbacher Weg in einer Marschkolonne zu 4 Personen. Spitze der Kolonne 20 Meter vor der Ortschaft Adelsbach.
10. Diejenigen Deutschen, die im Besitz der Nichtevakuierungsbescheinigungen sind, dürfen die Wohnung mit ihren Angehörigen in der Zeit von 5 bis 14 Uhr nicht verlassen.
11. Alle Wohnungen in der Stadt müssen offen bleiben, die Wohnungs- und Hausschlüssel müssen nach außen gesteckt werden.

Bad Salzbrunn, 14. Juli 1945, 6 Uhr.

Abschnittskommandant
(-) Zinkowski
Oberstleutnant

Ausweisungsbefehl an alle Deutschen aus Bad Salzbrunn in Schlesien, dem Geburtsort Gerhart Hauptmanns

war. Überraschend ist lediglich die Tatsache, dass solche Zahlenspiele in gemischten Gremien oft ungeprüft fortgesetzt werden konnten, zum Beispiel 1996 in der Deutsch-Tschechischen Historikerkommission[21].

Wie bereits erwähnt, fehlte in den 1950er Jahren noch ausreichendes Zahlenmaterial über das Schicksal der Russlanddeutschen; man hat daher im Statistischen Bundesamt diese Volksgruppe und ihre Menschenverluste nicht berücksichtigen können. Zwischenzeitlich jedoch liegen einige Untersuchungen vor, und es lassen sich wenigstens Mindestzahlen errechnen. – Ausgangspunkt ist die Tatsache, dass schon während des Krieges 900.000 Russlanddeutsche in den asiatischen Teil der Sowjetunion verschleppt wurden und außerdem von den in den Westen geflüchteten Deutschen ab 1945 weitere 270.000 im Wege der Zwangsrepatriierung nachfolgten[22]. Von den 900.000 Verschleppten sind über 30 Prozent umgekommen[23] (wie vorsichtig diese Zahl geschätzt ist, zeigt die Tatsache, dass die Verluste der gleichzeitig verschleppten Krimtataren heute mit über 46 Prozent angegeben werden)[24]. Die Verluste der 270.000 Zwangsrepatriierten sind mit 37 Prozent zu beziffern[25]. Hieraus ergibt sich eine Opferzahl von über 350.000 bei den Wolga-, Schwarzmeer- und anderen Sowjetdeutschen. Durchaus glaubwürdig erscheinen vor diesem Hintergrund die neuesten Zahlenangaben, die von den Russlanddeutschen selbst stammen. Demnach hat die Volksgruppe einen Gesamtverlust von über 400.000 Menschenleben erlitten[26].

Was in der Gesamtbilanz schließlich noch fehlt, sind die Menschenopfer der 2 bis 2,5 Millionen Zuwanderer, von denen vorher schon die Rede war. Grundsätzlich ist dabei festzustellen, dass dieser Personenkreis ähnlich hohe Verluste zu beklagen hatte wie die einheimische Bevölkerung[27]. In Einzelfällen wie zum Beispiel in Ostbrandenburg gelang die bevorzugte Evakuierung wenigstens der Bombenflüchtlinge[28]. Andererseits gab es besonders viele zugezogene Verwaltungsbeamte in Gegenden mit hoher Verlustquote, zum Beispiel in den besetzten tschechischen Gebieten: während im Sudetenland 6,6 Prozent der Deutschen getötet wurden, waren es im sog. Protektorat Böhmen und Mähren 14,5 Prozent[29]. Die Verluste der Zugezogenen dürften daher allenfalls geringfügig unter dem statistischen Mittel aller Vertreibungsgebiete liegen. Um eine Überschätzung auszuschließen, wird man die Menschenopfer der Nichteinheimischen etwa ein Fünftel unter dem allgemeinen Mittelwert von 14,3 Prozent, also bei mindestens 11 Prozent ansetzen, was bei einer (Mindest-)Zahl von 2 Millionen 220.000 ausmacht. Abschließend ergibt sich damit das folgende Bild:

Vertreibungs- und Deportationsverluste der deutschen Zivilbevölkerung im Osten (Zahlen in Millionen)

Ostdeutschland, Ost- und Südeuropa (ohne Russlanddeutsche und zugezogene Bevölkerung)	2,23
Russlanddeutsche	0,35
Nach 1939 zugezogene Bevölkerung	0,22
	2,80

Ungezählt blieben bis heute die Millionen Fälle von Vergewaltigung[30], schwerer Misshandlung und andere Verbrechen, die bleibende körperliche oder psychische Schädigungen zur Folge hatten.

Wie bereits erwähnt, ist es denkbar, dass die tatsächlichen Menschenverluste auch höher liegen. Durchaus realistisch erscheint daher die Angabe von 3 Millionen bzw. „mehr als 3 Millionen" Vertreibungs- und Deportationsopfern, die sich in einer Anzahl seriöser Publikationen findet[31]. Die gelegentlich zitierte Zahl von 2 Millionen Vertreibungsopfern beruht regelmäßig auf einer Abrundung der (Teil-)Ergebnisse des Statistischen Bundesamtes.

Als Bilanz des Geschehens östlich und südöstlich von Oder, Neiße und Böhmerwald bleibt festzuhalten: Nach derzeitigem Erkenntnisstand liegen die Vertreibungsverluste (einschließlich der Deportationsverluste) der deutschen Zivilbevölkerung im Osten zwischen 2,5 und 3 Millionen Menschen.

Vertreibungsopfer und Verbrechensopfer

Zum Kreis der Opfer bemerkt der Bericht des Bundesarchivs über die Vertreibungsverbrechen aus dem Jahr 1974, höhere Funktionäre der NSDAP hätten sich in der Regel rechtzeitig absetzen können. Von Gewalttaten der Roten Armee wurden nach dieser Untersuchung[32] vor allem Menschen betroffen, „...

- die nicht mehr hatten fliehen können, da die Räumung ihrer Gemeinden zu spät oder überhaupt nicht angeordnet worden war, oder
- Bewohner von Stadtgemeinden, für deren Räumung nur begrenzte Transportmöglichkeiten mit der Eisenbahn bestanden, oder

- Personen, die nicht fliehen wollten, wie vielfach Frauen, deren Männer bei der Wehrmacht waren und die sich mit ihren Kindern nicht von zu Hause entfernen wollten, oder
- körperlich Behinderte und alte Menschen, die die Strapazen der Flucht befürchteten;
- in Landgemeinden blieben aber auch Bauern zurück, die sich von dem ererbten Hof nicht trennen wollten".

Es kann also nicht die Rede davon sein, dass es sich bei den Getöteten um Opfer einer zwar summarischen, letztlich aber verdienten Schnelljustiz gehandelt habe. Gerade am Beispiel der Roten Armee – aber nicht nur da – lässt sich unschwer dartun, dass jedenfalls die Mehrzahl der Morde weniger einem persönlichen Rachebedürfnis, als vielmehr einer systematischen Völkerhasskampagne in Verbindung mit Straffreiheit sowie sexuellen und materiellen Anreizen (Plünderung, Vergewaltigung) entsprang.

Ein näheres Eingehen auf die Motive der Täter, die der Verfasser bereits anderenorts ausführlich behandelt hat[33], würde den Rahmen der vorliegenden Untersuchung sprengen.

Schwere Schuld auf sich geladen haben auch nationalsozialistische Autoritäten, die in manchen Gemeinden die Evakuierung der ostdeutschen Zivilbevölkerung verspätet anordneten, obwohl bekannt war, dass die Zurückgebliebenen zum großen Teil Opfer von Gewaltverbrechen werden würden. Diese wohl letzte Eintragung im Sündenregister des Dritten Reiches nimmt jedoch der Schuld der Täter selbst nichts von ihrem Gewicht – ebenso wie zum Beispiel das teilweise Versagen westlicher Länder bei der Emigration und Aufnahme jüdischer Flüchtlinge[34] die Verantwortlichen der „Endlösung" in keiner Weise entlasten kann.

Gelegentlich wird bei den Vertreibungsverlusten zwischen Todesfällen als unmittelbarer Folge von Verbrechen einerseits und als Folge von Hunger, Erschöpfung, Selbstmord usw. andererseits differenziert, wobei sich naturgemäß bei der ersteren Gruppe eine niedrigere Zahl als bei der letzteren – Relation etwa 1:2 – ergibt[35]. So berechtigt das wissenschaftliche Interesse an solchen Unterscheidungen auch sein mag, an der politisch-moralischen Gesamtbewertung wollen und können sie nichts ändern. Einige Autoren verwechseln allerdings die Verbrechensopfer mit den Vertreibungsopfern insgesamt[36] und minimieren die Opferzahl auf diese Weise.

Auch in der Tschechoslowakei und den anderen Vertreibungsgebieten lagen die Dinge nicht anders als bei der Roten Armee. Schon am 27. Ok-

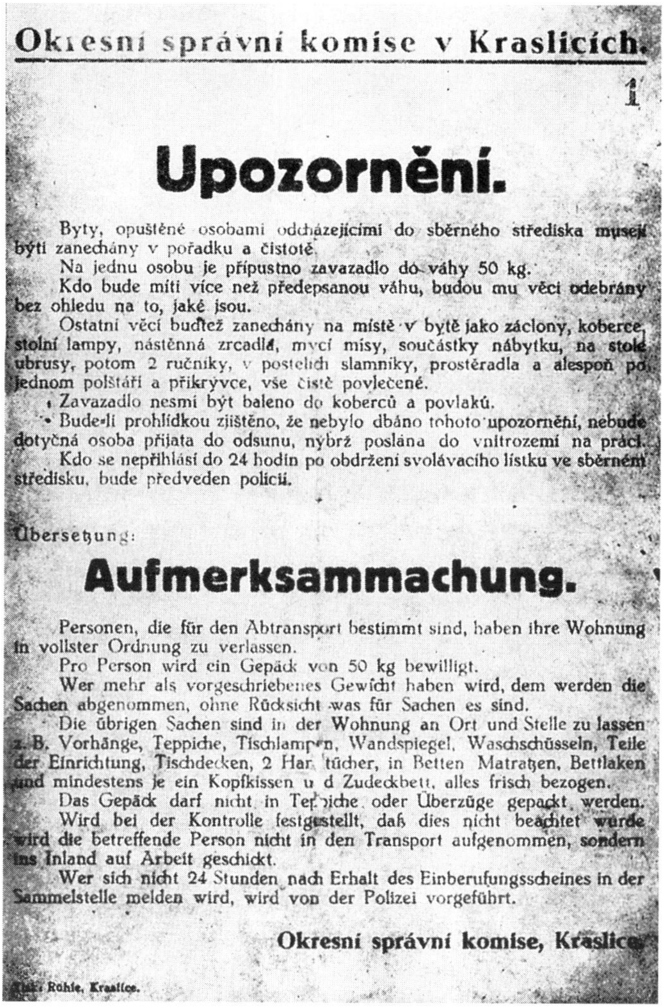

Okresní správní komise v Kraslicích.

1

Upozornění.

Byty, opuštěné osobami odcházejícími do sběrného střediska musejí býti zanechány v pořadku a čistotě.

Na jednu osobu je připustno zavazadlo do váhy 50 kg.

Kdo bude míti více než předepsanou váhu, budou mu věci odebrány bez ohledu na to, jaké jsou.

Ostatní věcí buďtež zanechány na místě v bytě jako záclony, koberce, stolní lampy, nástěnná zrcadla, mycí misy, součástky nábytku, na stole ubrusy, potom 2 ručníky, v postelích slamníky, prostěradla a alespoň po jednom polštáři a přikrývce, vše čistě povlečené.

Zavazadlo nesmí být baleno do koberců a povlaků.

Bude-li prohlídkou zjištěno, že nebylo dbáno tohoto upozornění, nebude dotyčná osoba přijata do odsunu, nýbrž poslána do vnitrozemí na práci.

Kdo se nepřihlásí do 24 hodin po obdržení svolávacího lístku ve sběrném středisku, bude předveden policií.

Übersetzung:

Aufmerksammachung.

Personen, die für den Abtransport bestimmt sind, haben ihre Wohnung in vollster Ordnung zu verlassen.

Pro Person wird ein Gepäck von 50 kg bewilligt.

Wer mehr als vorgeschriebenes Gewicht haben wird, dem werden die Sachen abgenommen, ohne Rücksicht was für Sachen es sind.

Die übrigen Sachen sind in der Wohnung an Ort und Stelle zu lassen z. B. Vorhänge, Teppiche, Tischlampen, Wandspiegel, Waschschüsseln, Teile der Einrichtung, Tischdecken, 2 Handtücher, in Betten Matratzen, Bettlaken und mindestens je ein Kopfkissen und Zudeckbett, alles frisch bezogen.

Das Gepäck darf nicht in Teppiche oder Überzüge gepackt werden.

Wird bei der Kontrolle festgestellt, daß dies nicht beachtet wurde wird die betreffende Person nicht in den Transport aufgenommen, sondern ins Inland auf Arbeit geschickt.

Wer sich nicht 24 Stunden nach Erhalt des Einberufungsscheines in der Sammelstelle melden wird, wird von der Polizei vorgeführt.

Okresní správní komise, Kraslice.

Tisk: Rühle, Kraslice.

Upozornění („Aufmerksammachung") der deutschen Bevölkerung durch die tschechischen Behörden in der Stadt Graslitz, ihre Heimat und ihre Wohnungen „in vollster Ordnung zu verlassen"

tober 1943 erklärte Exilregierungspräsident Eduard Benesch (Edvard Beneš) in einer Rundfunkbotschaft an die Tschechoslowaken: „In unserem Land wird das Ende des Krieges mit Blut geschrieben werden."[37] Ähnliches hat eine amerikanische Quakerin uber ihre Unterredung mit dem tschechoslowakischen Exilminister Stransky am 28. November 1944 berichtet: „Stransky ... glaubt, die Verhältnisse im Sudetenland nach dem Waffenstillstand würden derartige sein, dass sich das deutsche Problem zum guten Teil ohne Transfer von selber lösen wird. Die sudetendeutsche Bevölkerung würde sogar ohne offiziellen Transfer drastisch reduziert werden. ... Es wird ein schreckliches Elend geben (bude hrozna bida). Es wird daher erwartet, dass es in der ersten Periode nach der Befreiung im Sudetenland eine sehr hohe Sterblichkeit geben wird."[38]

Nach Kriegsende haben die Verantwortlichen nach Kräften dazu beigetragen, ihre eigenen Prophezeiungen wahr zu machen. In einer Rede in Melnik erklärte Präsident Benesch am 14. Oktober 1945: „In letzter Zeit werden wir aber in der internationalen Presse kritisiert, weil die Umsiedlung der Deutschen bei uns in einer unwürdigen und unzulässigen Weise durchgeführt werde. ... Wir würden angeblich einfach die Nazisten in ihren grausamen, unzivilisierten Methoden nachahmen[39]. Mögen diese Vorwürfe vielleicht in Einzelheiten wahr sein oder auch nicht, ich erkläre ganz kategorisch: Unsere Deutschen müssen ins Reich fortgehen, und sie werden in jedem Fall fortgehen."[40]

Der Tod bei Flucht und Vertreibung wurde billigend in Kauf genommen – rechtlich gesehen ein Fall des bedingten Vorsatzes (*dolus eventualis*), der dem *dolus directus* gleichgestellt ist. Auch bei den NS-Verbrechen haben Wissenschaftler untersucht, welcher Prozentsatz der Opfer gezielt getötet wurde und wie viele „an Überarbeitung, Seuche, Hunger und Elend" zugrunde gingen[41], ohne dass deswegen die Gesamtzahl der Opfer relativiert worden wäre.

Nicht zu übersehen ist ferner, dass Vertreibungen als solche auch nach Auffassung der Alliierten Verbrechen darstellten. Schon am 17. Oktober 1942 hatte das polnische Exilkabinett in London ein Dekret gebilligt, das im Hinblick auf die Umsiedlungsaktionen Hitlers und Stalins in Polen für Deportation die Todesstrafe vorsah[42]. Tatsächlich erklärte dann am 8. August 1945 der Londoner Vertrag über die „Verfolgung und Bestrafung der Hauptkriegsverbrecher der europäischen Achse" Deportationen aller Art zu Kriegsverbrechen bzw. Verbrechen gegen die Menschlichkeit (Titel II, Art. 6, Buchst. b und c des Statuts zu Art. 2 des Vertrages)[43]. Eine Verfolgung alliierter Täter war in dem Vertrag allerdings nicht vorgesehen.

Am 30. September und 1. Oktober 1946 verurteilte das Internationale Militärtribunal von Nürnberg mehrere führende Nationalsozialisten zum Tode. Einige von ihnen waren unter anderem des Versuchs für schuldig befunden worden, in gewissen annektierten Gebieten „den bisherigen Volkscharakter dieser Gebiete zum Verschwinden zu bringen". Zu diesem Zweck – so hatte schon die Anklageschrift ausgeführt – „deportierten die Angeklagten gewaltsam Einwohner ... und brachten dafür Tausende von deutschen Siedlern in die betreffenden Gebiete". Dazu stellt das Urteil ergänzend fest: „Die Verbrechen gegen die

Demonstration von Titopartisanen in Klagenfurt am 16. Mai 1945. Auf den Transparenten stehen unter anderem die Parolen: „Wir fordern: Titos Armee nach Kärnten" bzw. „Wir fordern: Freies Kärnten in Titos Jugoslawien".

Zivilbevölkerung ... waren Teil eines Planes, sie zu beseitigen und ihr Gebiet für deutsche Siedlungszwecke frei zu machen."[44] – In anderen Verfahren, zum Beispiel im Prozess gegen Angehörige des Rasse- und Siedlungshauptamts[45], wurden ebenfalls Gefolgsleute Hitlers verurteilt, weil sie in Vertreibungen verwickelt waren. Als Völkermord betrachtet die UNO-Resolution über den Genozid vom 9. Dezember 1948 ebenso wie das deutsche Strafrecht (§ 8 des Völkerstrafgesetzbuches) nicht nur die physische Vernichtung bestimmter Gruppen, sondern auch andere Formen der Verfolgung, die zur Zerstörung der Identität dieser Gruppen führen. Die Stämme der Schlesier, Ostpreußen, Wolgadeutschen usw. haben praktisch zu existieren aufgehört; das Geschehen in den Vertreibungsgebieten – die größte Völkervertreibung der Weltgeschichte – müsste als Genozid eingestuft werden, selbst wenn es nicht so viele Menschenleben gekostet hätte.

Diese Bewertung, die auch Völkerrechtsexperten wie die Professoren Ermacora oder Blumenwitz in ihren Untersuchungen postuliert haben[46], wurde mittlerweile durch Urteile des Bundesgerichtshofs (Fall Jorgić) und des Internationalen Kriegsverbrechertribunals in Den Haag (Fall Krstić) bestätigt[47].

Eine systematische Aufarbeitung der Vertreibungsvergangenheit findet in der Bundesrepublik seit den 60er Jahren praktisch nicht mehr statt; dies gilt für Wissenschaft, Publizistik und Justiz gleichermaßen[48]. Die wenigen Fernsehsendungen zum Thema wie zum Beispiel „Die Vertriebenen – Hitlers letzte Opfer“ (ARD 2001) waren meist geprägt von verharmlosenden oder rechtfertigenden Tendenzen, und so wurde die Vertreibung der Ostdeutschen unmerklich zu einer Art Erfolgsmodell für die ethnischen Säuberungen des späten 20. Jahrhunderts, wie der UN-Hochkommissar für Menschenrechte, José Ayala Lasso, einmal festgestellt hat:

„Ich bin der Auffassung, dass, hätten die Staaten seit dem Ende des Zweiten Weltkriegs mehr über die Implikationen der Flucht, der Vertreibung und der Umsiedlung der Deutschen nachgedacht, die heutigen demographischen Katastrophen, die vor allem als ethnische Säuberungen bezeichnet werden, vielleicht nicht in dem Ausmaß vorgekommen wären.“[49]

PROLETARIER ALLER LÄNDER, VEREINIGT EUCH! 24. Jahrgang.

Nachrichten

Organ des Gebietskomitees der KPdSU(B) und des Obersten Sowjets der ASSRdWD, des Stadtkomitees der KPdSU(B) und des Stadtsowjets der Deputierten der Werktätigen von Engels

Nr. 204 | Sonnabend, den 30. August 1941 | Preis 15 Kop.

ERLASS

DES PRÄSIDIUMS DES OBERSTEN SOWJETS DER UNION DER SSR

Über die Übersiedlung der Deutschen, die in den Wolgarayons wohnen

Laut genauen Angaben, die die Militärbehörden erhalten haben, befinden sich unter der in den Wolgarayons wohnenden deutschen Bevölkerung Tausende und aber Tausende Diversanten und Spione, die nach dem aus Deutschland gegebenen Signal Explosionen in den von den Wolgadeutschen besiedelten Rayons hervorrufen sollen. Über das Vorhandensein einer solch großen Anzahl von Diversanten und Spionen unter den Wolgadeutschen hat keiner der Deutschen, die in den Wolgarayons wohnen, die Sowjetbehörden in Kenntnis gesetzt, folglich verheimlicht die deutsche Bevölkerung der Wolgarayons die Anwesenheit in ihrer Mitte der Feinde des Sowjetvolkes und der Sowjetmacht.

Falls aber auf Anweisung aus Deutschland die deutschen Diversanten und Spione in der Republik der Wolgadeutschen oder in den angrenzenden Rayons Diversionsakte ausführen werden und Blut vergossen wird, wird die Sowjetregierung laut den Gesetzen der Kriegszeit vor die Notwendigkeit gestellt, Strafmaßnahmen gegenüber der gesamten deutschen Wolgabevölkerung zu ergreifen.

Zwecks Vorbeugung dieser unerwünschten Erscheinungen und um kein ernstes Blutvergießen zuzulassen, hat das Präsidium des Obersten Sowjets der UdSSR es für notwendig gefunden, die gesamte deutsche in den Wolgarayons wohnende Bevölkerung in andere Rayons zu übersiedeln, wobei den Überzusiedelnden Land zuzuteilen und eine staatliche Hilfe für die Einrichtung in den neuen Rayons zu erweisen ist. Zwecks Ansiedlung sind die an Ackerland reichen Rayons des Nowosibirsker und Omsker Gebiets, des Altaigaus, Kasachstans und andere Nachbarortschaften bestimmt.

In Übereinstimmung mit diesem wurde dem Staatlichen Komitee für Landesverteidigung vorgeschlagen, die Übersiedlung der gesamten Wolgadeutschen unverzüglich auszuführen und die überzusiedelnden Wolgadeutschen mit Land und Nutzländereien in den neuen Rayons sicherzustellen.

Vorsitzender des Präsidiums des Obersten Sowjets der UdSSR M. KALININ.

Sekretär des Präsidiums des Obersten Sowjets der UdSSR A. GORKIN.

Moskau, Kreml, 28. August 1941.

Sowjetischer Erlaß vom 28. August 1941 zur Deportation der Wolgadeutschen, bei der Hunderttausende umkamen

3. Kriegsgefangenschaft

Ausgangslage

Im Deutsch-Französischen Krieg 1870/71 zählte man insgesamt 400.000 Gefangene. Im Ersten Weltkrieg waren es schon 8,4 Millionen und im Zweiten Weltkrieg gar 35–40 Millionen[1]. Über 11 Millionen deutsche Soldaten erlebten – für längere oder kürzere Zeit – die Kriegsgefangenschaft; acht Millionen von ihnen gerieten erst während der Kapitulationsphase (März bis Mai 1945) in Gefangenschaft[2]. Ein Vergleich der verschiedenen Gewahrsamsmächte ergibt folgendes Bild[3]:

Gewahrsamsmacht	Zahl der deutschen Kriegsgefangenen
Großbritannien	3.635.000
USA	3.097.000
Sowjetunion	3.060.000
Frankreich	937.000
Jugoslawien	194.000
Polen	70.000
Belgien	64.000
Tschechoslowakei	25.000
Niederlande	7.000
Luxemburg	5.000
Insgesamt	11.094.000

Bei diesen Zahlen ist bereits berücksichtigt, dass Großbritannien und die USA eine Anzahl von Gefangenen an andere Staaten abgegeben haben. Die Genfer Konvention von 1929 über die Behandlung von Kriegsgefangenen (die Sowjetunion war ihr nicht beigetreten[4]) verbot es zwar jedem Unterzeichnerstaat, seine Gefangenen der Aufsicht eines anderen Landes zu unterstellen, doch lieferten die Anglo-Amerikaner dessen ungeachtet ca. 760.000 Gefangene zur Zwangsarbeit an Frankreich und ca. 76.000 an Belgien, Niederlande und Luxemburg aus[5], ferner gemäß Proklamation Nr. 2 des Alliierten Kontrollrats vom September

1945 200.000 an Russland[6]. Hinzu kommt eine noch größere Zahl von Wehrmachtsangehörigen der Ostfront, vor allem im Raum Sachsen-Böhmen, die sich bei Kriegsende den Amerikanern ergeben wollten, aber von der US-Armee abgewiesen wurden[7]. Dies geschah aufgrund einer Abmachung zwischen der Sowjetunion und den Westmächten, wonach die deutschen Truppen derjenigen Macht zu überstellen seien, gegen deren Streitkräfte sie zuletzt gekämpft hatten. Die Sowjetunion ihrerseits lieferte ca. 100.000 Kriegsgefangene zur Zwangsarbeit an Polen und die ČSR aus[8].

Sogar das neutrale Schweden übergab der Sowjetunion gestrandete oder sonst wie nach Schweden gekommene Seeleute, Flieger und Heeresangehörige. Die wissenschaftliche Kommission für deutsche Kriegsgefangenengeschichte vermerkte dazu: „Selten hat ein Ereignis die schwedische Öffentlichkeit so sehr erregt wie im November 1945 die bevorstehende Auslieferung von 167 Balten an die Sowjetunion. Hierbei wurde kaum beachtet, dass diese ein Teil der deutschen Streitkräfte gewesen waren und dass mit ihnen weiteren 2.500 internierten deutschen Soldaten das gleiche Schicksal drohte. Erst einige Tage vor der Auslieferung erweiterte die schwedische Öffentlichkeit Anteilnahme und Solidarität auf die 2.500, als diese durch Selbstverstümmelung die Preisgabe an den Feind zu verhindern versuchten. Sehr bald wurde erschreckend klar, dass der Auslieferungsbeschluss der Regierung in eklatantem Widerspruch zu den laut verkündeten Grundsätzen von Humanität und Neutralität stehe, ganz zu schweigen von der Tatsache, hierbei von völkerrechtlichen Normen abgewichen zu sein."[9]

In der Kriegsgefangenschaft haben deutsche Soldaten mindestens 2 Milliarden Arbeitstage ableisten müssen[10], und zwar ganz überwiegend nach Kriegsende. Besonders im Osten und in Frankreich verzögerte sich die Entlassung der Gefangenen, weil man sie möglichst lange als Sklavenarbeiter ausbeuten wollte. Schon 1946 forderte Papst Pius XII., die Kriegsgefangenen freizulassen[11]. Deutsche und internationale Stellen haben immer wieder gegen diesen schweren Rechtsbruch protestiert, zum Beispiel das Internationale Komitee vom Roten Kreuz (IKRK) am 18. November 1947:

„Nun hat aber die Kriegsgefangenschaft nur einen einzigen Zweck: den feindlichen Soldaten an der Wiederaufnahme der Waffen zu hindern. Ihre Verlängerung rechtfertigt sich also durch kein einziges militärisches Erfordernis, sobald der Krieg in der Tat beendet ist. Daher der vom internationalen Recht geheiligte Grundsatz, die Heimbeförderung jener Kriegsgefangenen, die nicht von der Justiz angefordert werden, so

In Schweden internierte deutsche und baltische Soldaten setzen sich durch Unterhaken gegen ihre Auslieferung in die Sowjetunion zur Wehr.

Miröschau bei Pilsen, 1945: Deutsche Soldaten werden gezwungen, ihre eigenen Kameraden zu demütigen, bevor sie ermordet werden. Unten: Massengrab in Miröschau

rasch als möglich nach Einstellung der Feindseligkeiten in die Wege zu leiten ... Die Kriegsgefangenschaft ... scheint derzeit vor allem deshalb aufrecht erhalten zu werden, um dem Bedürfnis der Gewahrsamsmächte nach Arbeitskräften zu entsprechen. ... Angesichts dieser Sachlage hält sich das Internationale Komitee vom Roten Kreuz verpflichtet, mit Nachdruck geltend zu machen, wie sehr die Verlängerung eines solchen Zustandes den allgemeinen Grundsätzen der Achtung der Person und der Menschenrechte widerspricht – Grundsätze, die jene des Roten Kreuzes sind.“[12]

Jugoslawien

Am schlechtesten hat man die Kriegsgefangenen im Tito-Staat behandelt. Von 194.000 gefangenen Deutschen in Jugoslawien starb rund die Hälfte: mindestens 80.000, höchstwahrscheinlich sogar 100.000[13].

Die meisten Todesopfer forderten die von den Kommunisten praktizierten Massenerschießungen, die zu den größten Massakern der neueren Geschichte gehören. Es starben auf diese Weise in Belgrad fast 30.000, in Marburg (Maribor) 20.000, in Windisch Feistritz (Slovenska Bistrica) 10.000 usw.[14]. Nach dem Krieg wurden mit den Kriegsgefangenen Propagandamärsche (von den Partisanen Sühnemärsche, von den Gefangenen Todesmärsche genannt) unter mörderischen Bedingungen veranstaltet. Etwa 10.000 Menschen dürften im wahrsten Sinn des Wortes auf der Strecke geblieben sein[15] – erschossen, erschlagen bzw. an Hunger, Durst oder Erschöpfung gestorben.

Viele, die sich ergeben hatten, wurden oft auf der Stelle verstümmelt, geblendet, gepfählt oder sonst wie grausam ermordet; diese Tatsachen wurden unter anderem auch bei den amerikanischen Militärgerichten durchaus bekannt und anerkannt[16]. Vor diesem Hintergrund ist der folgende Bericht eines Zeitzeugen zu sehen: „Es gab keinen deutschen Soldaten, dem der Partisanenkrieg sympathisch gewesen wäre. In den Wochen nach meinem Eintreffen auf dem Balkan erhielt ich Gesuche von mehr als 1.000 Soldaten aller Dienstgrade, die um Versetzung auf den russischen Kriegsschauplatz baten, obwohl dort dauernd große Kämpfe im Gange waren. Ich habe die Vorlage solcher Gesuche untersagen müssen, da deren Genehmigung aussichtslos war. Man würde aber die Natur der deutschen Soldaten, die alle fast ausnahmslos große Schlachten hinter sich hatten und die Kampfführung in Russland gut kannten, durch die Annahme ganz verkennen, dass Abenteuerlust die Triebfeder ihres Wegstrebens vom Balkan mit seinen zum überwiegenden Teil im

Kleinkrieg bestehenden Partisanenkämpfen war. Ein Grund lag vor allem darin, dass die Partisanen den Krieg nicht nach Soldatenart führten und sich nicht an die Gesetze des Krieges hielten.“[17]

Aber auch später in den Gefangenenlagern waren die Leiden noch lange nicht zu Ende. Die Folterungen im Lager Werschetz (Vršac), das als das schlimmste Lager der Gefangenengeschichte bezeichnet wurde, erreichten ihren Höhepunkt erst 1949[18]. Ähnliche Vorgänge wie in Werschetz – Folterungen, um das Eingeständnis irgendwelcher Kriegsverbrechen zu erpressen – spielten sich übrigens zur gleichen Zeit in der Sowjetunion ab. Über die Hintergründe bemerkt die wissenschaftliche Kommission für deutsche Kriegsgefangenengeschichte:

„Warum sollten ... Gefangene zu ‚Kriegsverbrechern‘ gemacht werden? Hierauf gibt es eindeutige Antworten sowohl aus dem Mund der verantwortlichen Jugoslawen als auch der deutschen Vernehmer, die darauf schließen lassen, dass es sich in Werschetz (Vršac) 1949 um Scheinverfahren gehandelt hat, mit deren Ergebnissen ein politisches Ziel erreicht werden sollte. Belgrad (Beograd) wollte den Nachweis führen, dass an allem, was während des Krieges in Jugoslawien an Menschenleben vernichtet und an Sachwerten zerstört worden ist, die deutsche Wehrmacht und sie ganz allein schuld sei, sodass Deutschland dafür jetzt Genugtuung – und Reparationen zu leisten hat. Mehr noch. Auch die blutigen Untaten, die der Volkstumskampf zwischen den einzelnen Völkern Jugoslawiens hervorgerufen hatte, mussten den Deutschen in die Schuhe geschoben werden, sollte der neu errichtete Vielvölkerstaat Jugoslawien nicht mit der Hypothek völkischer Gegensätze belastet werden.“[19]

USA und Frankreich

Schwerpunkt der Gefangenensterblichkeit im Westen war zweifellos Frankreich. Aber für eine gewisse Zeit, unmittelbar nach der Kapitulation, herrschten auch in den amerikanischen Lagern – vor allem am Rhein („Rheinwiesenlager“) – unmenschliche Verhältnisse. Einem Zeitungsbericht über die Zustände im Lager Remagen anno 1945 ist zu entnehmen:

„Das Lager ... war in etwa 25 Flächen aufgeteilt. Jede war für 5.000 bis 7.000 Menschen gedacht. Da man ihnen bei der Einlieferung aus unbekannten Gründen alles bis auf die gerade getragene Bekleidung abgenommen hatte, wühlten sie sich mit bloßen Händen Höhlen in die Erde, die aber während der zahlreichen Regengüsse bei im Frühjahr eiskalten Temperaturen häufig zusammenbrachen und die Insassen ver-

Zeltlager für mehr als 160.000 deutsche Kriegsgefangene in den Rheinwiesen bei Sinzig (Remagen). Luftaufnahme vom 25. April 1945

Blick über das Rheinwiesenlager (April 1945)

Deutsche Soldaten im Rheinwiesenlager

schütteten. ‚Tausendschaftsführer' hatten an ‚Hundertschaftsführer', wenn einmal Nahrungsmittel geliefert wurden, diese aufzuteilen. Das bedeutete manchmal nichts, im besten Falle ein Kilo Brot pro Tag für 25 Leute, dazu je Mann ein Löffel Grieß, Milchpulver oder Kaffee – ohne Wasser. Täglich fuhren morgens Lastwagen durch die Lagerstraße und holten die Toten der Nacht ab."[20] In ihrer Not aßen viele Gefangene Gras und tranken Regenwasser aus Pfützen, was dann meist zur Ruhr führte. Medikamente gab es ebenso wenig wie ärztliche Hilfe[21].

Auch Ohrfeigen, Schlagen, Treten oder Peitschen war in den US-Lagern nicht gerade eine Seltenheit[22].

Nach amerikanischen Angaben starben im Rheinland 3.053, nach amtlichen deutschen Angaben mindestens 4.537, insgesamt angeblich 5.311 Kriegsgefangene[23].

Damit aber wäre die Sterblichkeit in diesen Lagern des Elends geringer gewesen als unter Soldaten in Friedenszeiten. Der Kanadier James Bacque hat als Erster auf diese Ungereimtheiten hingewiesen und auch darauf, dass in amerikanischen und in alten deutschen Armeedepots damals genügend Lebensmittel vorhanden waren, und dass Hilfslieferungen des Roten Kreuzes und anderer Stellen systematisch zurückgeschickt wurden[24].

Seltsamerweise herrschten zur gleichen Zeit in den britischen Kriegsgefangenenlagern, die ebenfalls Millionen Landser beherbergten, halbwegs geordnete Verhältnisse[25]. Es gab Zelte und ausreichende Verpflegung, obwohl in England – anders als in den Vereinigten Staaten – Lebensmittel noch rationiert waren. Der amerikanische Verweis auf logistische Schwierigkeiten erweist sich demnach als bloße Schutzbehauptung.

Bacque schätzt die Zahl der Todesfälle in US-Camps auf erstaunliche 576.000 bis 793.000[26]. Während seit dem Erscheinen der großen Maschke-Dokumentation „Zur Geschichte der deutschen Kriegsgefangenen des Zweiten Weltkriegs" die deutsche Historikerzunft kein erkennbares Interesse am Schicksal der Gefangenen gezeigt hatte, kam jetzt Leben in die Szene. Als einer der Ersten verteidigte der frühere Leiter des Militärgeschichtlichen Forschungsamts, Manfred Messerschmidt, die überlieferten Mindestzahlen – ausgerechnet unter Berufung auf ein Symposium des Eisenhower Centers der Universität New Orleans[27]. (General Eisenhower gilt als Hauptverantwortlicher für die Zustände in den Lagern.) Rüdiger Overmans, ebenfalls vom Militärgeschichtlichen Forschungsamt, schätzt 22.000 Tote[28].

Andere Forscher kamen auf 32.000 Verstorbene allein auf den Rheinwiesen[29], die Amerikaner Arthur L. Smith, Alfred M. de Zayas bzw. Stephen Ambrose veranschlagen die Zahl der Lagertoten in US-Camps auf bis zu 40.000[30] bzw. 70.000–100.000[31] bzw. 200.000[32].

Zutreffend stellt Arthur L. Smith fest: „Die Alliierten betrieben keine sorgfältige Zählung und hatten auch keine Stelle zur Koordinierung ihrer Arbeit.“[33] Es ist Bacque daher nachzusehen, wenn er zu vermutlich überhöhten Zahlen kommt. Sein Hauptverdienst liegt jedenfalls darin, ein verdrängtes Kapitel der Zeitgeschichte wieder ins öffentliche Bewusstsein gerufen zu haben.

Mehr Todesfälle als in den amerikanischen Camps wurden – relativ wie absolut – in den französischen Gefangenenlagern (depots) registriert. Nach amtlichen französischen Angaben gab es zwar nur 24.178 Tote[34]. Wie auch bei den französischen Opfern der großen Säuberung 1944/45 stimmen die amtlichen Zahlen aber vermutlich nicht mit den tatsächlichen überein[35]. Bei der Lektüre der 22-bändigen Dokumentation „Die deutschen Gefangenen des Zweiten Weltkriegs“ fällt auf, dass der Frankreich-Band im Gegensatz zu den meisten anderen Länderberichten und trotz zugegebener Zweifel an der Richtigkeit der Angaben des Gewahrsamsstaates diese – offenbar aus übergeordneten Gesichtspunkten[36] – einfach übernimmt. Demgegenüber dürfte die von nicht offizieller Seite genannte Zahl von 115.000[37] Toten in französischem Gewahrsam eher den Tatsachen entsprechen. Vereinzelte Massenerschießungen (noch während des Krieges), Übergriffe der Zivilbevölkerung und der Wachmannschaften, jahrelange Zwangsarbeit, völkerrechtswidriger Einsatz bei der Minenräumung, vor allem aber Hunger und Seuche erklären die hohen Menschenverluste der Kriegsgefangenen in Frankreich[38]. Viele sahen im Eintritt in die Fremdenlegion die einzige Überlebenschance, wobei pikanterweise auch flüchtige Nationalsozialisten willkommen waren; bald bestand die Legion zu 60 Prozent aus Deutschen[39].

UdSSR, ČSSR und Polen

Von den 107.800 Stalingrad-Gefangenen haben nur 6.000 die Heimat wiedergesehen[40]. Im Durchschnitt ist jeder dritte Wehrmachtsangehörige in sowjetischer Gefangenschaft umgekommen. Aufschlussreich ist auch eine zeitliche Aufschlüsselung der Mortalität in der UdSSR:

„Im Hinblick auf den zeitlichen Verlauf der Sterblichkeit lassen sich zwei Hauptabschnitte erkennen: Während des Krieges sind durchschnittlich 60 bis 70 Prozent der Kriegsgefangenen ums Leben gekommen; in den Nachkriegsjahren dürften etwa 20 bis 25 Prozent den Tod gefunden haben.

Ein nach den Jahren der Gefangennahme gegliederter Überblick ergibt folgendes Bild:

1941/42	in Gefangenschaft geraten:	90–95 Prozent verstorben
1943	in Gefangenschaft geraten:	60–70 Prozent verstorben
1944	in Gefangenschaft geraten:	30–40 Prozent verstorben
1945	in Gefangenschaft geraten:	20–25 Prozent verstorben."[41]

Hatte sich ein Soldat an der Ostfront ergeben, so durchlief er drei kritische Phasen, die über Leben und Tod entschieden: Zunächst bestand die Gefahr, dass er auf der Stelle getötet wurde – erschossen oder grausam massakriert. Diese Behandlung war während des Krieges in Jugoslawien bei den Tito-Partisanen die Regel, in der Sowjetunion eher die Ausnahme. 1941/42 war es allerdings russische Praxis, Gefangene nach einem kurzen Verhör (mit oder ohne Folter) zu erschießen. Dazu hat die „Wehrmacht-Untersuchungsstelle für Verletzung des Völkerrechts" große Mengen einschlägigen Materials gesammelt und aufgearbeitet, an dessen Glaubwürdigkeit nach heutigem Erkenntnisstand nicht zu zweifeln ist[42].

Die nächste kritische Phase[43] war dann der Marsch in ein behelfsmäßiges Sammellager, der Aufenthalt dort unter vielfach extremen Bedingungen und schließlich der strapazenreiche Transport in die mehr oder minder weit entfernten offiziellen Kriegsgefangenenlager[44]. Alle genannten Vorgänge spielten sich in einem Zustand der Improvisation ab, der für die Gefangenen naturgemäß ein erhöhtes Risiko bedeutete. Wie groß dieses Risiko sein konnte, zeigt in besonders krasser Weise der Fall Stalingrad; allerdings ist das Schicksal der dort Eingekesselten unter anderem deswegen nicht repräsentativ, weil viele Soldaten schon vor der Kapitulation des Kessels durch Hunger, Kälte und Krankheiten geschwächt waren[45].

Aber auch in den reglementierten Kriegsgefangenenlagern, der dritten Phase, die der Gefangene zu durchlaufen hatte, haben Hunger, Seuche, Kälte, Misshandlung und Überarbeitung noch Tausende das Leben gekostet. Mindestens ebenso stark wie die kriegsbedingte Propaganda (Gleichsetzung von „Faschisten" und Deutschen) und die systembedingte Geringschätzung des menschlichen Lebens dürfte sich hier bis etwa 1946 die schlechte Lebensmittelversorgung ausgewirkt haben, unter der auch die Zivilbevölkerung der Sowjetunion zu leiden hatte. Die bereits zitierte wissenschaftliche Kommission berichtet ergänzend: „Die Schwerpunkte der Sterblichkeit lagen überwiegend in den Win-

Deutsche Soldaten auf dem Weg in die sowjetische Kriegsgefangenschaft

Wolsfeld/Rheinland: Deutsche Soldaten werden in ein Sammellager nach Frankreich verbracht (17. März 1945).

termonaten. So sind zum Beispiel von den in einem bestimmten Kriegsgefangenenlager beobachteten Todesfällen ca. 50 Prozent im Winter 1945/46, ca. 25 Prozent im Winter 1946/47 und ca. 5 bis 10 Prozent im Winter 1947/48 eingetreten. Man ersieht hieraus, dass der Rückgang der Sterblichkeit eng verknüpft ist mit der fortschreitenden Besserung der Lebensbedingungen. Es braucht nicht betont zu werden, dass natürlich auch die Sterblichkeit in den Winterhalbjahren während des Krieges sehr hoch und relativ am höchsten gewesen ist. Die Nachkriegszeit zeigt wiederum zwei Abschnitte, die als Kriterium für die Frage des Seins oder Nichtseins eines Kriegsgefangenen zu gelten haben; von 1945 bis 1947 kann von einer Fortsetzung erhöhter Lebensgefahr für die Kriegsgefangenen gesprochen werden, wie sie bereits während des Krieges bestand; danach sinkt die Todeskurve deutlich ab, bis sie 1949 den Normalstand erreicht hat."[46]

Ein Sonderschicksal erlitten die Rotkreuzschwestern, Nachrichtenhelferinnen, Luftwaffenhelferinnen und das andere sog. weibliche Wehrmachtsgefolge, das den Sowjets in die Hände fiel. Obwohl völkerrechtlich geschützt und mit dem Status von „Nichtkombattanten" ausgestattet[47], wurden diese Frauen verschleppt und rücksichtslos zur Zwangsarbeit eingesetzt. Die „Suchdienstzeitung" berichtete am 31. Dezember 1954: „Es ist zu befürchten, dass die Sterblichkeit unter dem in Gefangenschaft geratenen weiblichen Wehrmachtsgefolge angesichts der ungewöhnlich harten Arbeit und der kaum zu leistenden Normen diejenige ihrer männlichen Schicksalsgefährten erreicht, wenn nicht gar übertrifft."

Die wissenschaftliche Kommission für deutsche Kriegsgefangenengeschichte hat folgendermaßen resümiert: „Zusammengefasst lässt sich, was im Westen und Osten erkennbar wurde, mit einigem Vorbehalt so ausdrücken: als weibliche Kriegsgefangene feststellbar waren etwa 25.000–30.000 Frauen des weiblichen Wehrmachtsgefolges, davon weitaus mehr im Osten als im Westen. Im Osten entgingen eben auch bereits von der Wehrmacht entlassene und im Zivilleben ‚untergetauchte' Wehrmachtshelferinnen und Rotkreuzschwestern nicht dem allgemeinen Verschleppungsvorgang, auch wenn sie ihren Geburtsorten nach aus dem Westen stammten. Es erscheint zudem fraglich, ob die östlichen Gewahrsamsmächte diese weiblichen Gefangenen überhaupt zu den ‚Kriegsgefangenen' zählten, wie dies aus völkerrechtlichen Gründen von deutscher Seite aus geschehen ist. An der Schwere des Einzelschicksals ändern diese Feststellungen allerdings nichts."[48]

Ähnlich wie in Jugoslawien wurden in der Sowjetunion Tausende Gefangene[49] im Schnellverfahren als Kriegsverbrecher verurteilt. Im Leningrader Schauprozess von 1946 wurden zehn deutsche Offiziere als „Mörder von Katyn" schuldig gesprochen[50].

In der großen Dokumentation „Zur Geschichte der deutschen Kriegsgefangenen des Zweiten Weltkriegs" ist die Zahl der im sowjetischen Gewahrsam umgekommenen deutschen Soldaten zum Teil mit 1,094 Millionen[51], zum Teil mit 1,110 Millionen[52] angegeben. Nach Angaben der Bearbeiter hat man zwar eine größenordnungsmäßig richtige Schätzung erreicht, sich aber im Zweifel an der unteren Grenze der denkbaren Opferzahlen gehalten[53]. Schon bei den Ausgangsgrößen hat man den sowjetischen Frontberichten (mit niedrigeren Verstorbenenzahlen) gegenüber den Heimkehreraussagen (mit höheren Zahlen) den Vorzug gegeben, um Überschätzungen zu vermeiden[54]. In Band VII der Gefangenengeschichte ist die Differenz der beiden Schätzungen mit 305.000 Mann angegeben; sie dürfte aber aufgrund neuerlicher Überprüfung tatsächlich nur 235.000 betragen (Mitteilung des Geschäftsführers der Wissenschaftlichen Kommission, Dr. Helmut Wolff, an den Verfasser).

Will man also nicht nur eine möglichst unangreifbare, vorsichtige Mindestschätzung, wie sie die genannte Kommission aufgrund ihres offiziösen Charakters anstreben musste, sondern eine möglichst realistische Wahrscheinlichkeitsrechnung, so müssen diese 235.000 „verschwundenen" Gefangenen mitgezählt werden. Die Zahl von etwa 1,1 Millionen erhöht sich damit auf 1,335 Millionen; dies entspricht ungefähr der Zahl, die der Franzose Rousseau schon 1953 errechnet hat[55]. Für die höhere Zahl spricht auch der Umstand, dass die Wissenschaftliche Kommission diejenigen Soldaten nicht erfasst hat, die sofort nach der Gefangennahme erschossen oder sonstwie getötet wurden.[56] Die Tatsache, dass Moskau die längste Zeit deutschen Wissenschaftlern keine Einsicht in amtliche Unterlagen der Lagerverwaltungen und andere zeitgeschichtlich bedeutsame Dokumente gewährt hat[57], lässt ebenfalls den Schluss zu, dass die westlichen Berechnungen eher zu niedrige als zu hohe Opferzahlen ausweisen. Prof. H. Diwald hält es sogar für möglich, dass in der Sowjetunion 2 Millionen deutsche Kriegsgefangene gestorben sind[58].

Wie schon erwähnt, erhielten Polen und die Tschechoslowakei knapp 100.000 deutsche Kriegsgefangene als Zwangsarbeiter von der Sowjetunion; eine kleinere Zahl wurde von der US-Armee zugeliefert oder als entlassene Heimkehrer abermals verhaftet[59].

Von den 25.000 Gefangenen in der ČSR (später ČSSR) mussten 50 Prozent im Bergbau arbeiten, unter anderem im Uranbergbau von Joachimsthal im böhmischen Erzgebirge[60]. Verpflegung und Behandlung waren in den einzelnen Lagern unterschiedlich, zu Anfang aber überwiegend schlecht. Immerhin erwähnten die Rotkreuzberichte noch bis ins Jahr 1948 das Verprügeln der Häftlinge[61]. Die Arbeitskraft wurde oft bis zur Erschöpfung der Zwangsarbeiter ausgenützt. Dem Bericht eines Delegierten des Internationen Komitees vom Roten Kreuz vom August 1946 ist zu entnehmen: „Das Problem der Freizeitgestaltung gibt es nicht, da es die Gefangenen vorziehen, nach ihrer Arbeit zu schlafen, statt sich mit anderen Dingen zu beschäftigen."[62]

Besonders im Bergbau war die Todesrate hoch[63]. Man vermutet, dass von den 25.000 Gefangenen in der ČSR bis Sommer 1946 insgesamt ca. 20 Prozent verstorben sind, 1946–1948 dann weitere 2 bis 5 Prozent.

Noch schwieriger war die Schätzung der Mortalität bei den ca. 75.000 Gefangenen in Polen[64]. Die Lage dort war aber nicht viel anders als in der Tschechoslowakei: schlechte Behandlung, Hunger, Überarbeitung und Einsatz etwa des halben Kontingents der Gefangenen im Bergbau[65]. Über die Todesfälle liegen nur bruchstückhafte Angaben vor, etwa über einige oberschlesische Bergwerksorte, wo die Sterblichkeit zwischen Herbst 1945 bis zur Auflösung der Lager durchschnittlich 15 Prozent betrug[66]. Im innerpolnischen Gebiet, wo es keine Deutschen gab, die den Zwangsarbeitern ab und zu Essen zusteckten, lag der Prozentsatz höher[67]. Man wird demnach auch im polnischen Bereich von ähnlichen Verlusten wie im tschechischen ausgehen können; das bedeutet, dass in diesen beiden Ländern zusammen mindestens 20.000, höchstens 25.000 Gefangene umkamen.

Damit ergibt sich folgende Bilanz der Gefangenenverluste bei den einzelnen Gewahrsamsmächten:

Sowjetunion	1.335.000
Frankreich	115.000
Jugoslawien	100.000
USA	75.000
Polen und ČSR (ČSSR)	22.000
	1.647.000

Die übrigen Länder können hier außer Betracht bleiben, da die Zahl der dortigen Sterbefälle statistisch nicht ins Gewicht fällt.

4. Verschleppung zur Zwangsarbeit

Historischer Überblick

Rund 900.000 Deutsche – ganz überwiegend aus den Vertreibungsgebieten – wurden 1945 in die Sowjetunion verschleppt. Nur eine sehr kleine Zahl kam aus der sowjetischen Besatzungszone (davon wird noch im Kapitel über die dortigen Konzentrationslager die Rede sein). Die politische Vorgeschichte der Deportation ist in der Zeittafel des Vertreibungskapitels mit berücksichtigt.

Die große regierungsamtliche „Dokumentation der Vertreibung der Deutschen aus Ost-Mitteleuropa" beschreibt das Schicksal der verschleppten Ostdeutschen folgendermaßen[1]:

„Vom Ablauf der Ereignisse und der Entwicklung der Zustände in Ostdeutschland zu trennen ist das Schicksal derjenigen Männer und Frauen aus den Gebieten östlich der Oder und Neiße, die schon in den Tagen nach dem Einmarsch der Roten Armee aufgegriffen und nach der Sowjetunion verschleppt wurden, wo sie, oft Tausende von Kilometern von ihren in Ostdeutschland verbliebenen Angehörigen entfernt, das harte Los der Zwangsdeportierten zu erleiden hatten ..."

In den deutsch bewohnten Gebieten jenseits von Oder und Neiße begann die Verschleppung von Zivilpersonen vereinzelt bereits Ende Januar 1945 und wurde dann im Monat Februar systematisch in allen bis zu dieser Zeit von der Roten Armee besetzten Gebieten betrieben.

In diese Zeit, in der die Deportationen in Ostdeutschland anliefen, fiel die Konferenz von Jalta (4.–11. Februar 1945), auf der Stalin die Zustimmung der Westmächte zu erlangen vermochte, dass die UdSSR, nach dem Siege über Deutschland, als einen Teil der ihr zugesprochenen Reparationen Arbeitskräfte aus Deutschland nach Russland schaffen könne. Diese interalliierte Abmachung kam zwar erst zustande, als die Deportationen im Südosten nahezu beendet und aus den Ostgebieten jenseits von Oder und Neiße schon viele Tausende von Deutschen nach der Sowjetunion unterwegs waren, dennoch gab sie eine Art Rechtsgrundlage, auf die sich die sowjetische Führung bei der Deportation großer deutscher Volksteile berufen konnte.

In Ostdeutschland erreichte die Verschleppung ihren Höhepunkt im Monat März 1945 und dauerte bis Ende April. Da bis zu diesem Zeitpunkt lediglich die östlich von Oder und Neiße gelegenen Gebiete in der Hand der Roten Armee waren, blieb die Verschleppungsaktion auf die Deutschen in diesen Gebieten beschränkt und griff nicht auf die spätere sowjetische Besatzungszone über.

Die Organisation der Verschleppung lag bei den Heeresgruppen der Roten Armee. Sie begann in den jeweils eroberten Gebieten im Allgemeinen bereits zwei bis drei Wochen nach der Besetzung. Jede der vier sowjetischen Heeresgruppen, die an der Eroberung Ostdeutschlands beteiligt waren, betrieb in ihrem Bereich die Verhaftung der Deutschen und ihre Einlieferung in die Durchgangs- und Sammellager selbständig. An ihren Vorgehen zeigt sich, dass die Verschleppung weniger auf einem Plan zur Deportation bestimmter Personen und Personengruppen beruhte, sondern dass es vielmehr darauf ankam, möglichst schnell eine möglichst große Zahl arbeitsfähiger Deutscher zusammenzutreiben; offenbar war jeder der vier sowjetischen Heeresgruppen ein gleich hohes „Verschleppungssoll" auferlegt worden. Da die Anzahl der in den einzelnen Provinzen östlich der Oder-Neiße in sowjetische Hand gefallenen Deutschen örtlich sehr verschieden war und manche Gegenden schon im Januar und Februar von russischen Truppen erfasst wurden, andere erst, als die Deportationen zu Ende gingen, zeigte das sowjetische Vorgehen sehr verschiedene Grade der Härte.

Die Aushebung und Verhaftung der zur Verschleppung bestimmten Menschen erfolgte großenteils – vor allem in den Städten – durch Aufrufe, dass sich alle Männer bis zum 60. Lebensjahr zu melden hätten. In vielen Gegenden war die Verschleppung auch mit der Registrierung der deutschen Bevölkerung gekoppelt, die überall in den Wochen nach der Besetzung der einzelnen Orte vorgenommen wurde. Da jedoch weite Gebiete besonders auf dem Lande auf diese Weise nicht erfassbar waren, wurden Sonderkommandos der sowjetischen Armee gebildet, die den Auftrag hatten, aus den einzelnen Gebieten eine bestimmte Anzahl arbeitsfähiger deutscher Personen zusammenzutreiben und ihre Überführung in die Sammellager durchzuführen. Oft hielten diese sich nicht damit auf, eine Gegend planmäßig durchzukämmen, sondern trieben, um ihren Auftrag möglichst schnell zu erfüllen, aus einzelnen Dörfern nahezu alle erwachsenen deutschen Personen zusammen, während andere Orte gänzlich von ihnen verschont blieben.

Da Schlesien auch nach dem Einfall der Roten Armee die volkreichste der deutschen Ostprovinzen war, fand die russische Militärverwaltung hier genügend Menschen vor, um ihr „Verschleppungssoll“ zu erfüllen. Die Heeresgruppe Konjew, der Schlesien unterstellt war, stand deshalb mit rund 62.000 deportierten Deutschen – überwiegend Männern – an der Spitze der vier Militärbereiche in Ostdeutschland.

Anders war die Lage in den übrigen Gebieten, ganz besonders in Ostpreußen. Dort griffen die sowjetischen Deportationskommandos zu den drastischsten Maßnahmen, um die ihnen auferlegte Zahl von Verschleppten zu erreichen. Da Männer arbeitsfähigen Alters kaum noch im Lande waren und die Bevölkerung Königsbergs nicht in Betracht kam, weil um diese Stadt während der Hauptverschleppungszeit im Februar und März noch gekämpft wurde, sind in Ostpreußen in der Mehrzahl Frauen und Mädchen von 15–20 Jahren ergriffen und in das Sammellager Insterburg eingeliefert worden. Dabei kam es vor, dass zahlreiche Mütter von ihren kleinen Kindern getrennt und auch alte Leute verschleppt wurden. Dennoch blieb die Zahl der aus dem Armeebereich Ostpreußen (Tschernjakowskij) Verschleppten weit unter denen aus den anderen sowjetischen Heeresgruppenbereichen …

Die Vorgänge im Zusammenhang mit der Deportation brachten über die Betroffenen schlimme Leiden. Schon die oft tagelangen Märsche nach den Sammellagern und die dabei erduldeten Drangsalierungen durch die russischen, teils auch polnischen Begleitmannschaften forderten zahlreiche Opfer unter den für die Verschleppung vorgesehenen Deutschen. Als eine besondere Plage erwiesen sich ferner die fortgesetzten Verhöre, die die Verhafteten auf den Zwischenstationen und in den Sammellagern über sich ergehen lassen mussten. Aus ihnen lässt sich schließen, dass die Sowjets offenbar bemüht waren, den Deportationen eine formal-rechtliche Grundlage zu geben. Konnte man den Verschleppten keine Zugehörigkeit zu nationalsozialistischen Organisationen nachweisen, so wurde versucht, irgendwelche anderen belastenden Geständnisse aus ihnen herauszupressen, die als Grund für die Verschleppung gelten konnten.

Besonders in den Gefängnissen von Insterburg und Graudenz wurden bei diesen Verhören Gewalttaten schlimmster Art begangen. Infolge schwerer Drangsalierungen, unzureichender Verpflegung und durch Krankheiten starben bereits in den Sammellagern viele Hunderte der Verschleppten. Andere befanden sich in einem Gesundheitszustand, der selbst den sowjetischen Kommandanten einen Bahntransport nach Russland nicht geraten erscheinen ließ. Dies galt vor allem für die vielen alten Leute, die von den Deportationskommandos in die Verschleppungslager eingeliefert worden waren. Viele dieser Alten und Arbeitsuntauglichen wurden, sofern sie nicht infolge der Anstrengungen und Entbehrungen in den Lagern starben, nach Monaten wieder entlassen.

Als Ende April keine weiteren Deportationen nach Russland mehr erfolgten, wurden die hierfür errichteten Sammellager teils aufgelöst, teils auch den Polen übergeben. Besonders die Lager Graudenz, Posen und Sikawa spielten später unter polnischer Verwaltung als Internierungs- und Zwangsarbeitslager eine verhängnisvolle Rolle.

Die zweite verlustreiche Etappe der Deportation stellt der Transport nach Russland dar. In regelmäßigen Abständen wurden von den Hauptverladestationen aus Transportzüge zusammengestellt, die durchschnittlich 2.000 Verschleppte aufnahmen. Die Fahrt zu den Arbeitslagern in Russland dauerte im Allgemeinen 3–6 Wochen. Während dieser Zeit wurden die Verschleppten nur völlig ungenügend mit Nahrungsmitteln und Wasser versorgt, und da die ersten Transporte noch im Februar abgingen, wirkte sich auch die Kälte unter den vielen oft unzureichend bekleideten Menschen verheerend aus. Die Sterblichkeit auf der Fahrt nach Russland war deshalb allgemein sehr hoch, mitunter betrug sie 10 Prozent der Deportierten.

Von den Strapazen des wochenlangen Transports waren die Deportierten so geschwächt, dass ihnen im Allgemeinen nach der Ankunft einige Wochen der Ruhe gewährt werden mussten, sollten sie wieder arbeitsfähig werden. Mit der Ankunft in den russischen Arbeitslagern hörten im großen Ganzen die Quälereien durch die Wachmannschaften auf, von denen die Verschleppten auf dem Weg in die Sammellager in Ostdeutschland und bis zur Abfahrt heimgesucht worden waren. Auch Vergewaltigungen von Frauen scheinen kaum noch vorgekommen zu sein.

Stattdessen begannen besonders im Frühjahr 1945 das Übermaß der zu leistenden Arbeit und die unzureichende Verpflegung in den Lagern katastrophale Folgen hervorzurufen. Allein die Art der zu leistenden Arbeit bedeutete eine Überforderung der Deportierten. Denn in der Regel waren es die körperlich schwersten Arbeiten, die sie zu verrichten hatten. In den Waldgebieten Nordrusslands und des Kaukasus mussten Bäume gefällt und zersägt, daneben auch schwere Erd- und Torfarbeiten geleistet werden. In den Industrierevieren im Ural und am Donez und Don haben Frauen und Männer aus Ostdeutschland in langen Schichten unter Tage Kohle und Erz fördern müssen, und zahlreiche verschleppte Deutsche wurden hier auch zu schweren Verlade- und Transportarbeiten herangezogen und in Fabriken, Steinbrüchen und Ziegeleien oder beim Straßen- und Schienenbau eingesetzt. Je nach Jahreszeit wechselten die

Arbeiten. Im Sommer und Herbst nahm die Kolchoswirtschaft einen großen Teil Deportierter in Anspruch; im Winter bestand die Zwangsarbeit oft darin, die Schienen- und Straßenwege von den Schneemassen freizuhalten. Verstärkt wurden die arbeitsmäßige Überbeanspruchung und bewusste Ausnutzung durch Arbeitszeiten von oft 12 und mehr Arbeitsstunden täglich. In diesem Zusammenhang kam vor allem dem sowjetischen Leistungs- und Normprinzip eine verhängnisvolle Bedeutung zu. Je nach Gesundheitszustand und körperlicher Verfassung in Arbeitsgruppen mit verschieden hoher Norm eingestuft, haben die Deportierten oft versucht, durch Übererfüllung und Leistungsnorm sich zusätzliche Verpflegung zu erarbeiten, da der kärgliche Normalsatz oft völlig unzureichend war. Solche regelmäßigen Übersoll-Leistungen bedeuteten aber nicht nur eine fortgesetzte Ausbeutung der Arbeitskraft, sondern führten oft auch dazu, dass die Normen erhöht wurden. Im Gegensatz zu den russischen Arbeitern, die mit solchen Gepflogenheiten der ‚Leistungssteigerung' schon vertraut waren und sich davon kaum noch antrieben ließen, sind viele Deutsche diesem ausgeklügelten System zum Opfer gefallen. Da die Verhältnisse in den Lagern außerdem meist völlig unhygienisch waren, nahmen – trotz anerkennenswerter, aber wegen des Mangels an Medikamenten meist fruchtloser Bemühungen russischer Ärzte und Ärztinnen – Krankheiten und Sterbefälle im Jahre 1945 immer stärker zu. Weitaus die meisten Verluste, die unter den deportierten Deutschen entstanden, fielen in die Zeit vom Frühjahr bis zum Herbst 1945, als in manchen Lagern mehr als die Hälfte der Belegschaft zugrunde ging.

Für diejenigen, die diese Zeit überstanden, begann sich die Lage in der folgenden Zeit etwas zu bessern. Zwar ließ das Übermaß der Arbeit in Kohlengruben, in der Landwirtschaft, beim Holzfällen oder bei der Aufräumung von Städten nicht nach, aber allmählich wurden die Verpflegungssätze erhöht, sodass der Gesundheitszustand der Verschleppten sich besserte. Unterschlagungen von Lebensmitteln durch die Lagerleitung sowie Bestechungen und Übervorteilungen durch die Wachmannschaften, bei denen in manchen Lagern auch Polen mitwirkten, haben jedoch dazu geführt, dass auch später noch teilweise recht schlimme Verhältnisse herrschten. Da die Lager für Zivilpersonen in Russland ganz allgemein als Straf- oder Besserungslager galten, waren ihre Insassen im Grundsatz wesentlich schlechter gestellt als die deutschen Kriegsgefangenen. In den Jahren 1947–1948 wurden in manchen Lagern die strengen Bestimmungen gelockert und den Verschleppten [wurde] eine größere Bewegungsfreiheit gewährt. Teilweise gab es zu dieser Zeit auch eine geringfügige Entlohnung für die geleistete Arbeit, sodass die Verschleppten sich Lebensmittel oder Kleidung kaufen konnten. Soweit sich ein Kontakt mit der russischen Zivilbevölkerung ergab, zeigte diese keine Feindschaft gegenüber den Deutschen.

Schon im Sommer und Herbst 1945 waren, zum Teil verursacht durch die enorm hohe Sterblichkeit, die ersten Lagerauflösungen und Rücktransporte erfolgt. Damals wurden vor allem zahlreiche Kranke und Nichtarbeitsfähige nach Deutschland entlassen; auch von ihnen starben noch manche unterwegs, obwohl die Verpflegung auf der Rückfahrt im Allgemeinen wesentlich besser war als auf der Hinfahrt.

Nach der ersten großen Entlassungswelle von 1945 zogen sich die Lagerauflösungen und Rücktransporte nach Deutschland in großen Abständen und Unterbrechungen durch die Jahre 1946, 1947 und 1948 hin. Die letzten größeren Rücktransporte fanden im Jahre 1949 statt, nachdem die Verschleppten vierjährige Zwangsarbeit geleistet hatten. Seitdem sind nur noch vereinzelt verschleppte ostdeutsche Zivilpersonen zurückgekehrt. Obwohl bekannt ist, dass noch manche von ihnen in der UdSSR leben, muss zweifellos damit gerechnet werden, dass der überwiegende Teil der Nichtzurückgekehrten in Russland verstorben ist."

Statistische Fragen

Wie bereits erwähnt, wurden rund 900.000 Deutsche in die UdSSR verschleppt. Die größten Gruppen bildeten die „Reparationsverschleppten" und die „Repatriierten": 500.000 Deutsche aus Ostdeutschland und Osteuropa nannte man Reparationsverschleppte, weil Moskau ihre Zwangsarbeit als Form der Reparation ansah. 300.000 Deutsche stammten aus dem erweiterten Gebiet der Sowjetunion und wurden nach dem Krieg gegen ihren Willen „repatriiert".

Von der ersten Gruppe kamen 215.000 aus Ostdeutschland (Grenzen 1937)[2], von der letzteren 270.000 aus Russland (Grenzen 1938). Von den Zwangsrepatriierten starben im Osten 37 Prozent[3], von den Reparationsverschleppten sogar 45 Prozent[4]. – Daneben wurden auch noch andere Personenkreise – zum Beispiel 26.000 „Spezialisten" aus der sowjetischen Besatzungszone – von Verschleppungen betroffen; sie erlitten aber keine vergleichbar hohen Verluste.

Eine Deportation eigener Art spielte sich 1951 in Rumänien ab. Annähernd 40.000 Rumäniendeutsche wurden aus dem fruchtbaren Banat im Westen des Landes in die ostrumänische Baragan-Steppe verschleppt „unter Bedingungen, die den Gesetzen der Menschlichkeit und der

Menschenwürde Hohn sprechen", wie der Bundestag in seinem Protest vom 17. Oktober 1951 feststellte[5]. Die Aktion, die aus kommunistischen Landwirtschafts- und Kollektivierungsplänen resultierte, erfasste auch Angehörige anderer Minderheiten wie Serben, Bulgaren, Ungarn und zum Teil rumänische Großbauern („Kulaken").

Statistisch sind die Menschenopfer der verschleppten Deutschen schon oben bei den Vertreibungsopfern erfasst worden. Nur aufgrund des tragischen Sonderschicksals dieser modernen Sklaven erschien ein eigenes Kapitel zum Thema Verschleppung gerechtfertigt.

Als Fußnote bleibt anzumerken, dass in den Nürnberger Kriegsverbrecher-Prozessen Deportation und Zwangsarbeit (ebenso wie Vertreibungen) als Kriegsverbrechen bzw. Verbrechen gegen die Menschlichkeit verfolgt wurden. Unter anderem wurden Bormann, Hans Frank, Göring, Rosenberg, Sauckel und Seyß-Inquart wegen dieses Delikts zum Tode durch den Strang verurteilt.

5. Der Einmarsch der Roten Armee in Mitteldeutschland und Österreich

In einigen Orten Südwestdeutschlands kam es bei und nach dem Einmarsch französischer Truppenteile im April und Mai 1945 zu Vergewaltigungen, Brandstiftungen, willkürlichen Erschießungen und dergleichen. Im württembergischen Freudenstadt zum Beispiel errichtete das französische Militär ein wahres Schreckensregiment, nachdem es den unverteidigten Kurort fast vollständig zerstört hatte. Die ersten Tage der französischen Besatzungszeit in Freudenstadt erinnerten an die berüchtigten Exzesse französisch-marokkanischer Truppen im Monte-Cassino-Gebiet[1] und sind mit dem Einmarsch der Roten Armee in Ostdeutschland verglichen worden[2]. Insgesamt aber hielten sich die Menschenverluste im Südwesten in einer statistisch kaum relevanten Größenordnung.

Gleiches gilt für einige irreguläre Massenhinrichtungen durch die Amerikaner wie zum Beispiel in Landsberg (25 katholische Bischöfe haben dagegen protestiert[3]) oder Dachau (wo das KZ-Personal auf der Stelle erschossen wurde[4]).

Mitteldeutschland

Das Zusammentreffen der Mitteldeutschen mit der Roten Armee verlief von Ort zu Ort sehr verschieden, oft von Straße zu Straße. Der Schweizer Journalist Max Schnetzer zum Beispiel fragte einen Kollegen, der über die Kämpfe in Berlin-Wannsee berichtet hatte, wie sich die Russen verhalten hätten: „Teils wie Schweine, teils wie Engel. ... In einzelnen Wohnungen ist es zu wüsten Szenen mit Frauen gekommen. Eine Frau ist an der Misshandlung durch zehn Soldaten gestorben. In anderen Häusern haben sich die Russen wie Freunde aufgeführt. ... Es ist wie bei einem Hagelwetter, das nur strichweise die ganze Ernte vernichtet."[5] Während zum Beispiel aus dem Raum Dresden relativ wenige Übergriffe gemeldet wurden (die Russen erschienen dort erst am letzten Kriegstag), kam es in Berlin und vielen Orten in Brandenburg und Mecklenburg zu Massenverbrechen. Unter dem Schock dieser Exzesse suchten auch Tausende Mitteldeutsche ihr Heil in der Flucht[6] und Tausende – vor allem vergewaltigte Frauen – begingen Selbstmord; in der mecklenburgischen Stadt Neubrandenburg zum Beispiel, die besonders unter dem roten Terror zu leiden hatte, sollen von 18.000 zurückgebliebenen Einwohnern sogar 2.000 Selbstmord begangen haben[7].

Am 14. April 1945, also zwei Tage, bevor die sowjetische Offensive über Oder und Neiße begann, war zwar auf Anordnung Stalins in der „Prawda" der viel zitierte Grundsatzartikel des Chefideologen des sowjetischen Zentralkomitees, F. G. Alexandrow, „Der Genosse Ehrenburg vereinfacht zu sehr" erschienen; er zog einen Schlussstrich unter die antigermanisch-rassistisch gefärbte Hasspropaganda der vorangegangenen Jahre. Spürbare Wirkungen zeigte diese Wende aber erst viel später[8], erst ab etwa Sommer 1947 hörten die Übergriffe praktisch ganz auf[9].

Sowjetmarschall G. K. Schukow, der noch zu Beginn des Jahres 1945 die Truppe in einer Proklamation aufgehetzt hatte („Wir werden uns grausam rächen ... Wehe dem Lande der Mörder!"[10]), musste nach Kriegsende aus Moskau eine Elitedivision anfordern, um die Ausschreitungen seiner eigenen Soldateska in Berlin abzustellen. In diesem Zusammenhang mag das Urteil des US-Generals Frank A. Keating über die Sowjets in Berlin interessieren: „In vielen Fällen war ihr hemmungsloses Treiben dem der barbarischen Horden des Dschingis-Khan verwandt."[11]

In der Literatur findet sich eine Vielzahl von Berichten über sowjetische Verbrechen in Mitteldeutschland[12], doch fehlt es bisher an einer umfassenden Bevölkerungsstatistik, wie sie das Statistische Bundesamt mit seinem Band „Die deutschen Vertreibungsverluste" für die Vertreibungsgebiete vorgelegt hat.

Potentielles Opfer von Verbrechen war die seinerzeitige Bevölkerung der sowjetischen Besatzungszone, wobei anwesende Ostdeutsche hier abzuziehen sind; bei letzteren sind die Menschenverluste schon im Kapitel „Vertreibung" erfasst. Ebenfalls abzuziehen ist die Bevölkerung Thüringens, Sachsen-Anhalts und einiger kleinerer Teilgebiete im Westen der Zone, die erst nach Kriegsende von der anglo-amerikanischen unter russische Verwaltung kamen. Hinzuzuzählen sind die Westberliner, die den umgekehrten Weg gingen.

Die Einzelheiten der erforderlichen Rechenschritte[13] können hier nicht wiedergegeben werden. Unterm Strich verbleiben jedenfalls letztlich knapp 12 Millionen Mitteldeutsche, die sich am Tag des Waffenstillstands zwischen Oder-Neiße im Osten und der anglo-amerikanisch/sowjetischen Demarkationslinie im Westen aufhielten.

Die mitteldeutschen Bevölkerungsverluste sind nunmehr zu schätzen, wobei die Materialien über das Verhalten der Roten Armee östlich von Oder und Neiße gewisse vorsichtige Rückschlüsse auf Mitteldeutschland zulassen. Die „Dokumentation der Vertreibung der Deutschen aus Ost-Mitteleuropa" teilt mit, dass von der zurückgebliebenen Bevölkerung östlich von Oder und Neiße im Durchschnitt 2–3 Prozent unmittelbar beim Einmarsch der Roten Armee und in den ersten Wochen danach ermordet wurden[14]. Neuere Untersuchungen kommen allerdings übereinstimmend zu dem Ergebnis, dass diese 1954 veröffentlichten Werte zu vorsichtig geschätzt wurden, und dass der Anteil der Morde der Roten Armee an den Vertreibungsverlusten in Wirklichkeit höher lag[15].

Das umfangreiche Standardwerk des Statistischen Bundesamtes „Die deutschen Vertreibungsverluste" ermittelte 1958 zum Beispiel für Ostbrandenburg einige aufschlussreiche demographische Daten[16]. Bevölkerungsstand 1944: 614.000; noch anwesend beim Einmarsch der Roten Armee: ca. 400.000; von den Zurückgebliebenen umgekommen: ca. 190.000, also über 47 Prozent. Die hohe Sterblichkeit hängt zwar nicht nur mit den sowjetischen Gewaltverbrechen zusammen, sondern auch mit den späteren polnischen sowie mit Vertreibung und Verschleppung, doch erscheint es kaum vorstellbar, dass von dem Bevölkerungsverlust von 47 Prozent nur 2–3 Prozent auf das Konto der sowjetischen Soldateska geht, zumal allgemein angenommen wird, dass Totschlagsfälle bei der polnischen Miliz (außerhalb der Lager) seltener vorkamen als bei der Roten Armee[17].

Zu ähnlichen Schlüssen kamen auch die Gesamterhebung des Kirchlichen Suchdienstes in München 1965 und die Dokumentation des Statistischen Bundesamtes über die Vertreibungsverbrechen 1974. Letztere vermerkt zu den vorausgegangenen Schätzungen der Mordfälle in den ostdeutschen Provinzen kritisch:

„Bei der 1954–1964 durchgeführten ‚Gesamterhebung zur Klärung des Schicksals der deutschen Bevölkerung in den Vertreibungsgebieten' wurden in den Gebieten östlich von Oder und Neiße von den o. a. Personenkreisen" (unmittelbare Opfer von Vertreibungsverbrechen) „namentlich erfasst:

44.603 gewaltsam Getötete – 32.907 in der Verschleppung Umgekommene – 27.847 in Lagern Verstorbene.

... Auch nach den Ergebnissen der Gesamterhebung steht die Personengruppe, die einen gewaltsamen Tod erlitten hat, zahlenmäßig an erster Stelle. Bei Übertragung der Ergebnisse der Gesamterhebung auf obige Schätzungen wäre hiernach die geschätzte Anzahl ... als eine Mindestzahl zu betrachten."[18]

Eine wirklichkeitsnahe Schätzung der Opfer des Einmarsches der Roten Armee in den Oder-Neiße-Gebieten wird daher nach heutigem Erkenntnisstand nicht mehr von 2–3 Prozent der zurückgebliebenen Bevölkerung, sondern vom Doppelten oder gar Dreifachen ausgehen müssen.

Zurück zu Mitteldeutschland. Selbst wenn man in Rechnung stellt, dass die Hasspropaganda kurz vor der Überschreitung von Oder und Neiße abgestellt wurde und sich bei der Mordlust der Rotarmisten vielleicht ein gewisser Sättigungseffekt eingestellt haben könnte, bleibt doch die Untergrenze der (als zu vorsichtig erkannten) Schätzung von 2–3 Prozent Bevölkerungsverlusten durch den Terror der Roten Armee auch für Mitteldeutschland ein hinreichender Anhaltspunkt; denn es ist nicht anzunehmen, dass der Einmarsch in Westbrandenburg und Westpommern so total anders verlaufen sein sollte als in Ostpommern und Ostbrandenburg. Zwei Prozent aus 12 Millionen Einwohnern des sowjetischen Besatzungsgebiets bedeutet eine Opferzahl von 240.000 Menschen, die angesichts der vielen erschreckenden Erlebnisberichte durchaus realistisch erscheint.

Österreich

Ab Anfang April 1945 gelang es den Sowjets, mit Wien, Niederösterreich und dem Großteil der Steiermark die drei volkreichsten Länder Österreichs zu besetzen. Zusammen mit dem kleinen Burgenland (seinerzeit etwas über 300.000 Einwohner) dürften es mehr als 4,5 Millionen Menschen gewesen sein, die den Einmarsch der Roten Armee in Österreich erlebt haben.

Sie bekamen die Folgen der zum Teil antigermanisch-rassistischen Sowjetpropaganda ebenso zu spüren wie die Bewohner der anderen Teile des Großdeutschen Reiches. Die längste Zeit war Österreich nach unausgesprochener Moskauer Auffassung der dritte deutsche Staat neben Mittel- und Westdeutschland[19]; es wäre unzulässig, die österreichischen Verluste hier auszuklammern.

Einen gewissen, wenn auch nicht allzu großen Einfluss auf das Verhalten der Roten Armee hatte die Moskauer Deklaration der Alliierten vom 1. November 1943, wonach Österreich in seinen Grenzen vor dem

März 1938 wiederherzustellen war. Zu erwähnen sind auch die Aufrufe der Sowjetmarschälle Tolbuchin und Malinovskij, in denen gegenüber Österreich etwas freundlichere Töne angeschlagen wurden[20]: „Die Rote Armee kommt nicht als Eroberungsarmee nach Österreich, sondern als Befreiungsarmee."

Auch in der russischen Presse standen kleine Geschichten über Sowjetsoldaten, die zu den Gräbern von Johann Strauß und Beethoven pilgern und dort Kränze niederlegen[21].

In der Praxis dürfte die feine Unterscheidung zwischen den eroberten und den befreiten Deutschen den durchschnittlichen Sowjetsoldaten überfordert habe[22]. Es war in der Tat schwer zu verstehen, warum man zum Beispiel im westlichen Ungarn ungestraft eine volksdeutsche Frau vergewaltigen und ihren alten Vater erschießen durfte, das Gleiche aber im Burgenland, nur wenige Kilometer entfernt, nun plötzlich ein Verbrechen sein sollte. Die Begleiterscheinungen des sowjetischen Einmarsches waren zwar regional sehr verschieden, doch kam es auch in Österreich in einigen Gegenden zu Massenverbrechen. Aus dem niederösterreichischen Weinviertel (nördlich von Wien) wird berichtet:

„Die vergleichsweise geringen zivilen Opfer der Kampfhandlungen wurden allerdings dadurch aufgewogen, dass die sowjetischen Soldaten im Weinviertel hausten wie wohl sonst nirgendwo in Österreich. Hier schloss sich dann der Kreis für jene, die sich zunächst geweigert hatten, den Berichten über sowjetische Übergriffe zu glauben, ihren Wein horteten und für die doch vielfach auch als Befreier gesehenen Sowjets Geselchtes und Gebackenes vorbereitet hatten. Sie wurden grimmig enttäuscht. Die Folge davon war, dass dort, wo es den deutschen Truppen wie zum Beispiel der 357. Infanterie-Division bei Altlichtenwarth gelang, einen Gegenangriff zu führen, die vom Verhalten der Sowjets zutiefst geschockte Bevölkerung in hellen Scharen floh. In Altlichtenwarth – um bei diesem Beispiel zu bleiben – erlebten rund 1.300 Menschen den ersten Einmarsch der Sowjets am 18. April. Als der Ort von den deutschen Soldaten am 20. April abermals aufgegeben werden musste, verließen bis auf 50 alte Männer alle Zivilpersonen den Ort und kehrten meist erst nach Wochen, also nach Kriegsende, zurück."[23]

Ähnlich die Schilderung von John Dos Passos, Korrespondent der Zeitschrift Life, die ihn auf drei Monate nach Europa sandte: „Die Wiener berichten uns von der Wildheit und Brutalität der russischen Soldaten. ... Das Volk in den Arbeitervierteln erwartete, dass die Russen zumindest die Arbeiter respektierten würden. Aber das Gegenteil trat ein. In den Arbeitervierteln töteten, vergewaltigten und raubten die russischen Truppen hemmungslos. Und wenn die Opfer sich beklagten, so antworteten ihnen die Russen: ‚Ihr könnt keine Arbeiter sein, denn Ihr lebt zu gut. Ihr seid die Bourgeoisie.'"[24] Als Folge der Ausschreitungen häuften sich die Selbstmorde[25].

Insgesamt dürfte der Einmarsch der Sowjets ca. 60.000 Menschen das Leben gekostet haben. Diese Zahl ergibt sich aus dem „Sterbeüberschuss" des Jahres 1945[26] nach Abzug der Opfer des Luftkriegs und der Erdkämpfe des gleichen Jahres[27]. Sie entspricht etwa 1,33 Prozent der vom sowjetischen Einmarsch betroffenen Bevölkerung. Sie liegt zwar unter der Vergleichsgröße für die sowjetische Besatzungszone in Mitteldeutschland und wesentlich unter dem ostdeutschen Durchschnitt, scheint jedoch den besonderen österreichischen Gegebenheiten am ehesten gerecht zu werden.

6. Konzentrationslager in der sowjetischen Besatzungszone

Im März 1985 erinnerte der thüringische Landesbischof Werner Leich aus Anlass der 40-jährigen Wiederkehr des Kriegsendes vor der Synode der Lutheraner in Eisenach an die vergessenen Leiden der Menschen im Konzentrationslager Buchenwald in den Jahren 1945–1950[1]. Dieses und andere sowjetische Lager auf deutschem Boden waren im Westen fast vergessen und kamen erst in die Schlagzeilen, als nach dem Fall der Berliner Mauer Massengräber im Umkreis dieser Orte des Schreckens entdeckt wurden. Es erschien daher zweckmäßig, diesem Kapitel ebenfalls einen kurzen chronologischen Überblick voranzustellen.

Zeittafel[2]

1945

28. April	Generaloberst Bersarin erlässt als Kommandant von Berlin den Befehl Nr. 1, nach dem sich alle Angehörigen der NSDAP, Gestapo, Gendarmerie und aller übrigen staatlichen Stellen zur Registrierung bei den militärischen Bezirks- und Revierkommandanten zu melden haben. Es erfolgen zahllose Verhaftungen.
Mai–Juni	Massenverhaftungen in der ganzen sowjetischen Besatzungszone (SBZ). Die Konzentrationslager Weesow bei Werneuchen, Ketschendorf und Berlin-Hohenschönhausen werden in Betrieb genommen.
9. Juni	In Berlin wird die sowjetische Militärverwaltung unter Marschall G. K. Schukow eingerichtet. Sie wird später in „Sowjetische Militäradministration in Deutschland (SMAD)“ umbenannt.
13. Juni	In Bautzen und Neubrandenburg (Mecklenburg) werden Konzentrationslager eingerichtet.
10. August	Das KZ Sachsenhausen wird durch ein Vorkommando aus dem KZ Weesow in Betrieb genommen.

12. August	Das KZ Buchenwald wird in Betrieb genommen.
16. August	KZ Weesow aufgelöst.
27. August	Die SMAD erlässt den Befehl Nr. 42, nach dem sich alle ehemaligen Offiziere der Wehrmacht und Angehörigen der SA, SS, Gestapo und NSDAP bis zum 25. September 1945 bei den Militärkommandanturen melden müssen. Die meisten der sich Meldenden werden verhaftet.
September	In Mühlberg/Elbe und Jamlitz bei Lieberose werden Konzentrationslager eingerichtet.

1946

Oktober	KZ Berlin-Hohenschönhausen aufgelöst. Die Häftlinge kommen in das KZ Sachsenhausen.
12. Oktober	Der Kontrollrat erlässt die Direktive Nr. 38 (KD 38) über „Verhaftung und Bestrafung von Kriegsverbrechern, Nationalsozialisten und Militaristen und Internierung, Kontrolle und Überwachung von möglicherweise gefährlichen Deutschen". Die Direktive wurde zur Grundlage willkürlicher Verhaftungen in der SBZ, bis sie 1955 aufgehoben wurde. Neben dem Artikel 6 der Verfassung der „DDR" war sie das Gesetz, nach dem alle politischen Prozesse in der SBZ geführt wurden.
21. Oktober	Verschleppung von Facharbeitern führender Unternehmen der SBZ mitsamt den Betriebseinrichtungen in die Sowjetunion (SU); zum Beispiel Zeiss, Jena; Schott & Gen., Jena; AEG, Berlin; Siebel, Halle.
23. Oktober	Verschiedene Berliner Gewerkschaftsvertretungen wenden sich gegen diese Verschleppungen.

1947

17. Februar	KZ Ketschendorf aufgelöst.
24. März	KZ Torgau aufgelost.
April	KZ Jamlitz aufgelöst.
14. Juni	Die Berliner Stadtverordnetenversammlung bittet die Kommandantur und den Kontrollrat, die Namen der im Gewahrsam der Besatzungsmächte befindlichen Deutschen bekannt zu geben.
16. August	Der SMAD-Befehl 201 erklärt nominelle ehemalige Mitglieder der NSDAP für politisch gleichberechtigt.

	Die restliche Entnazifizierung wird den deutschen Verwaltungen des Innern und der Justiz übertragen. Aufgrund dieses Befehls werden bei den Landgerichten der SBZ „Strafkammern 201“ gebildet, die in die politische „Rechtsprechung“ eingreifen (s. auch „Waldheimer Kriegsverbrecherprozesse“).
29. Oktober	Die katholischen Bischöfe Deutschlands ersuchen den Alliierten Kontrollrat, eine Untersuchung über das Verschwinden und die Internierung Tausender von Männern, Frauen, Kindern und früheren Kriegsgefangenen in der SBZ einzuleiten. Sie wiesen darauf hin, dass die aus westlichen Kriegsgefangenenlagern freigelassenen Männer in ihren Heimatgemeinden in der SBZ verhaften worden seien.
13. November	Die Berliner Stadtverordnetenversammlung fordert – gegen die Stimmen der Sozialistischen Einheitspartei Deutschlands (SED) – von der Alliierten Kommandantur erneut die Bekanntgabe von verhafteten Personen. Sie spricht dem Polizeipräsidenten Markgraf (SED) das Misstrauen aus, weil er nichts für die Bekanntgabe der Namen tut.

1948

7. April	Pieck und Grotewohl geben eine Erklärung des Marschalls Sokolowski bekannt, nach der in der Behandlung der durch die SMAD verhafteten Personen eine Änderung bevorstehe. Verhaftete bekämen Gelegenheit, mit ihren Angehörigen in Verbindung zu treten.
Juli	Beginn der Entlassung aus sowjetischen KZs auf deutschem Boden.
September	Die Konzentrationslager Neubrandenburg und Mühlberg werden aufgelöst. Die Häftlinge kommen in das KZ Buchenwald.

1949

1. Mai	Der katholische Bischof von Berlin, Kardinal Graf Preysing, wendet sich in einer Predigt gegen die Konzentrationslager der SBZ.
16. Juni	Das Zuchthaus Brandenburg wird von der sowjetischen Besatzungsmacht der Justiz übergeben.

7. November	Der Ratsvorsitzende der Evangelischen Kirche in Deutschland, Bischof Dibelius, protestiert in einem Schreiben an General Tschujkow gegen Internierungspraktiken der sowjetischen Besatzungsmacht.
11. November	Die provisorische Volkskammer beschießt ein „Gesetz über den Erlass von Sühnemaßnahmen und die Gewährung staatsbürgerlicher Rechte für ehemalige Mitglieder und Anhänger der Nazipartei und Offiziere der faschistischen Wehrmacht“. Ausgenommen sind Personen, die zu Freiheitsstrafen von mehr als einem Jahr verurteilt wurden.

1950

12. Januar	Kardinal Graf Preysing spricht sich erneut gegen die Konzentrationslager in der SBZ aus.
9. Februar	Die Sowjets übergeben 2.154 Internierte des KZ Buchenwald zur Aburteilung an die Volkspolizei in Waldheim. KZ Buchenwald aufgelöst.
12. Februar	Verlegung von 1.200 weiblichen Häftlingen aus dem KZ Sachsenhausen in die nunmehrige Strafvollzugsanstalt Hoheneck.
10. März	KZ Sachsenhausen aufgelöst.
21. April	Beginn der „Waldheimer Kriegsverbrecherprozesse“.
5. Mai	Die Sowjetunion gibt die Entlassung von 17.538 Kriegsgefangenen bekannt. In der SU verbleiben nach dieser Bekanntgabe 13.532 „Kriegsverbrecher“.

Historischer Überblick

Über das Verfahren bei den Verhaftungen gibt Gerhard Finn – als junger Mann selbst Insasse von Buchenwald – folgenden Bericht[3]: „Gleich nach der Besetzung deutschen Gebiets durch die sowjetischen Truppen begannen die Verhaftungen und Verschleppungen durch die sowjetische Geheimpolizei. Die grünbemützten Soldaten und Offiziere des MWD (sowjetische Geheimpolizei[4]) wurden zum Schrecken der deutschen Zivilbevölkerung.

Die Verhaftungen ließen kein Schema erkennen, wenn man davon absieht, dass alles verhaftet wurde, was den Sowjets gefährlich aussah oder in Zukunft eventuell hätte gefährlich sein können. Der Denunziation war Tür und Tor geöffnet. Keine Anzeige war dumm genug, um nicht sofort eine Verhaftung des Angezeigten zu erwirken. Es gab Fälle,

Soldaten der DDR-Volksarmee legen im März 1990 die sterblichen Überreste ehemaliger Gefangener des sowjetischen SMAD-Speziallagers Sachsenhausen frei.

Wachtturm und Baracke des sowjetischen Internierungslagers Sachsenhausen im Jahr 1946 (oben) und 1949 (unten)

in denen zum Beispiel in einer Stadt ein Otto Schmidt denunziert wurde, der angeblich Kriegsverbrechen begangen haben sollte. So wurden nach einem alten Adressbuch alle Otto Schmidts dieser Stadt verhaftet, um in wochenlangen, zermürbenden Verhören den Schuldigen herauszufinden.

Manchmal gab es keinen Schuldigen, oder der Gesuchte hatte lediglich während des Krieges bei einer Auseinandersetzung auf der Arbeitsstelle einen so genannten Ostarbeiter geschlagen. Dies genügte für seine Verurteilung. Das bedeutete in solch einem Fall in der ersten Zeit das Todesurteil. Die anderen Schmidts – um bei diesem Beispiel zu bleiben – waren aber noch lange nicht frei. Unter dem physischen Druck der Verhöre hatten sie entweder irgendein ‚Verbrechen' oder die Mitgliedschaft bei irgendeiner NS-Organisation zugegeben. Auch dies genügte, um sie weiter in Haft zu behalten.

Waren dem MWD irgendwelche Mitgliederlisten einer Institution, Organisation oder Körperschaft in die Hände gefallen, wurden sämtliche greifbaren Mitglieder verhaftet. Aus diesen und ähnlichen Fällen setzten sich hauptsächlich die Gefangenentrupps zusammen, die in die Sammelstellen des MWD eingeliefert wurden. Von den Sammelstellen ging es unter schwerer Bewachung zu Fuß oder mit der Eisenbahn in die neu errichteten Konzentrationslager. Ein Teil musste lediglich zwischendurch noch eine minutenlange Verurteilung über sich ergehen lassen und wurde dann in ein KZ oder direkt in die UdSSR verfrachtet. Östlich der Oder-Neiße machte sich das MWD die Sache noch einfacher. Hier genügte es schon, Deutscher zu sein. Man hatte den Eindruck, dass sich die Verhaftungszahlen nach dem zur Verfügung stehenden Transportraum in die UdSSR richtete."

Ein Standardwerk zum Thema[5] bestätigt diese Aussage nachdrücklich: „Indes erschöpfte sich im sowjetischen Besatzungsgebiet eben der Zweck der Internierung nicht in einer so verstandenen Entnazifizierung. Weit darüber hinausgehend sollte er sich auch auf die Isolierung tatsächlicher oder vermeintlicher ‚Klassenfeinde' erstrecken, um so die unter dem Vorwand einer ‚antifaschistisch-demokratischen Umwälzung' forcierte radikale Umgestaltung in Staat und Gesellschaft wirksamer durchsetzen und Widerstand dagegen brechen zu können. Alexander Solschenizyn zitiert dazu aus dem Sprachgebrauch der Tscheka den zynischen Begriff der ‚sozialen Prophylaxe'. Fraglos stand die Internierung Hunderttausender Deutscher im Kontext zu der ‚Revolution von oben', die die sowjetische Okkupationsmacht im Verein mit den deutschen Kommunisten 1945 im Gebiet der heutigen DDR zielbewusst eingeleitet hat."

Auch die Totenlisten der neuen Lager sprechen eine eindeutige Sprache. Auf ihr stehen neben höheren NS-Funktionären und kleinen Beamten auch jüdische KZ-Insassen aus der Zeit vor 1945[6], neben Angehörigen der Intelligenzschicht (Anwälte und Ärzte, Fabrikanten und Wissenschaftler)[7] auch Prominente wie der Schauspieler Heinrich George[8] oder Herzog Joachim Ernst von Anhalt[9], neben 36 Mitgliedern von Reichsgericht und -anwaltschaft (darunter 11 Parteilose und nur 5, die an dubiosen Urteilen beteiligt waren[10]) auch aktive Widerstandskämpfer gegen den Nationalsozialismus wie Justus Delbrück, Ulrich Freiherr von Sell, Dr. Ludwig Münch, Horst Graf von Einsiedel, Julius Scherff[11]; von 5.000 inhaftierten Sozialdemokraten starben 400[12]. Die Gräber wurden eingeebnet und – wie schon in Katyn – mit Sträuchern und Bäumen bepflanzt[13].

Offiziell nannte man die KZs „Internierungslager", sowjetischerseits auch „Spez-Lager" (Speziallager).

Die größten Lager waren Buchenwald bei Weimar (Durchschnittsbelegung 10.000 bis 12.000 Häftlinge), Sachsenhausen bei Brandenburg (Durchschnittsbelegung 12.000 bis 15.000) und Mühlberg/Elbe (Durchschnittsbelegung 12.000). Lager bestanden auch in Bautzen, Torgau, Ketschendorf, Jamlitz, Fünfeichen bei Neubrandenburg und an mehreren anderen Orten. Tausende von Häftlingen saßen auch in den Gefängnissen der Besatzungszone.

Zur Zwangsarbeit in die Sowjetunion deportiert wurden annähernd 40.000 Mitteldeutsche[14], die meistens vorher in einem alles andere als rechtsstaatlichen Verfahren abgeurteilt worden waren[15]. Ihr Schicksal ähnelte dem der verschleppten Deutschen aus den Oder-Neiße-Gebieten und aus Ost- und Südeuropa (vgl. 4. Kapitel).

Die wichtigsten Todesursachen im Lager waren extremer Hunger, schlechte hygienische Bedingungen und mangelnde ärztliche Versorgung[16].

Aber auch der Psychoterror ist nicht zu unterschätzen. Hubertus Knabe, der wissenschaftliche Direktor der Gedenkstätte Berlin-Hohenschönhausen, berichtet:

„Außer einem Löffel, einer Schüssel und einem Becher durften sie keine persönlichen Dinge besitzen. Ausdrücklich untersagt waren scharfe und spitze Metallgegenstände sowie Karten- und Glücksspiele. Regelmäßig fanden Razzien statt, bei denen die Unterkünfte auf verbotene Objekte gefilzt wurden. Den Häftlingen war es auch nicht gestattet, zu singen, zu lärmen oder in andere Räume zu gehen. Als einziger Zeitvertreib war Schachspielen erlaubt.

Vor allem waren die Lagerinsassen vollkommen von ihrer Umwelt isoliert. Die Anordnung schrieb vor, dass sie weder Briefwechsel führen noch Besuche empfangen durften. Wie Ernst-Emil Klotz berichtet, blickten sie in Buchenwald deshalb neidvoll auf herumliegende Vordrucke aus der Zeit des Nationalsozialismus, auf denen die Insassen ihren Angehörigen noch hatten schreiben dürfen. Auch größere Gesprächsrunden oder improvisierte Vorträge unter Gefangenen wurden streng bestraft. Staunend las Klotz später bei dem Politikwissenschaftler und ehemaligen Buchenwald-Häftling Eugen Kogon, dass es in dem Lager zur NS-Zeit Tageszeitungen und eine Bibliothek gegeben hatte; dass damals „Vorlesungen ... abgehalten wurden".[17]

Zum Thema der „Speziallager" erscheinen – vor allem nach der Wende – zahlreiche Bücher; nur beispielhaft seien erwähnt: E. E. Klotz: So nah der Heimat. Gefangen in Buchenwald 1945–1948 (Bonn 1992); A. Kilian: Einzuweisen zur völligen Isolierung (Leipzig 1993); Krüger/Finn: Mecklenburg-Vorpommern 1945 bis 1948 und das Lager Fünfeichen (Berlin o. J.); P. Weisshuhn: Ich komme wieder! NKWD-Lager Mühlberg 1945–1948 (Stuttgart 2003); E. Schuster (Hg.): Reite Schritt, Schnitter Tod! Leben und Sterben im Speziallager Nr. 1 des NKWD Mühlberg/Elbe (Kassel 2004); Landesverband der Stalinistisch Verfolgten e.V. Sachsen-Anhalt (Hg.): Wir waren Stalins politische Gefangene (Eisleben 1992).

Die Sterblichkeit in den Konzentrationslagern der Kommunisten war nicht geringer als die in den Lagern der Nationalsozialisten. In Buchenwald starben 13.000 Häftlinge, in Sachsenhausen 20.000 etc.[18]. Die Gesamtzahl der umgekommenen KZ-Häftlinge wird zwischen 65.000 und 130.000 angegeben[19]. Nach derzeitigem Erkenntnisstand wird man sich allerdings eher an der Untergrenze dieser Schätzung orientieren[20]. Hermann Just zum Beispiel macht folgende Rechnung auf[21]:

Internierte und Strafgefangene	185.000
davon deportiert	37.000
davon nach Auflösung der KZs 1950 Zurückgehaltene	14.500
davon Gestorbene	96.000
davon in Freiheit Entlassene	37.000
	185.000

Bedenkt man die hohe Sterbequote der Deportierten, so bleibt als Fazit festzuhalten, dass annähernd 100.000 Mitteldeutsche in sowjetischen Lagern und Gefängnissen zu Tode gekommen sind.

Exkurs: Lager im Westen

Auch in den drei Westzonen wurden insgesamt etwa 250.000 Menschen[22] in Lagern interniert. Als Rechtsgrundlage für einen sog. automatischen Arrest fungierte die berühmt-berüchtigte Direktive JCS 1067 der US-Militärregierung, die bis zum Sommer 1947 Grundlage der amerikanischen Besatzungspolitik war; danach waren nicht nur alle mutmaßlichen Kriegsverbrecher zu verhaften, sondern auch alle Personen, die bestimmte Funktionen im Dritten Reich bekleidet hatten oder die die Durchführung der Ziele der Besatzungsmächte gefährden konnten[23]. Der parteilose Schriftsteller Ernst von Salomon, der zusammen mit seiner jüdischen Frau verhaftet und so gründlich „verhört" worden war, dass er einige Zähne verlor, berichtet über seine Lagererfahrung in der amerikanischen Besatzungszone:

„Geprügelt wurde so gut wie ausnahmslos jeder, der in das Lager eingeliefert wurde; die Amerikaner nannten das ‚overwork' (‚überarbeiten'). Geprügelt wurden selbst diejenigen Internierten, die aus einem anderen Lager kamen, in welchem sie bereits ihren Tribut empfangen hatten, und auch die Generale, die aus dem Kriegsgefangenenlager kamen."[24]

Während in einigen – nicht in allen – US-Lagern ehemalige „Kapos" aus den Konzentrationslagern der Nationalsozialisten eingesetzt wurden und gewisse vorhersehbare Folgen eintraten[25], war auch die Behandlung der Gefängnisinsassen nicht immer rechtsstaatlich. Im Malmedy-Prozess (es ging dort um den Tod amerikanischer Kriegsgefangener) zum Beispiel musste sich auf Veranlassung des Verteidigers eine Kommission aus zwei Richtern nachträglich mit den praktizierten Verhörmethoden beschäftigen.

Das Ergebnis: Folter dritten Grades war angewendet worden, und „sämtliche Deutsche bis auf 2 in den 139 von uns untersuchten Fällen hatten durch Fußtritte in die Hoden unheilbare Schäden erlitten. Dies war die übliche Untersuchungsmethode unserer amerikanischen Untersuchungsbeamten."[26] – Die Folterlager Abu Ghraib und Guantánamo legen den Schluss nahe, dass sich an der Einstellung der US-Regierung bis heute nicht viel geändert hat.

In der britischen Besatzungszone ereigneten sich vergleichbare Vorfälle nur sehr selten. Unter französischer Regie allerdings waren Menschenrechtsverletzungen keine Seltenheit. Eine traurige Berühmtheit erreichte der ehemalige NS-KZ-Komplex Schirmeck/Natzweiler im Elsass, wo ab 1944 mutmaßliche französische Kollaborateure und Deutsche unter menschenunwürdigen Zuständen interniert waren[27].

Alles in allem aber wäre es übertrieben, die westalliierten Zivilinternierten-Lager mit dem Kainsmal „Konzentrationslager" zu brandmarken. Eine Massensterblichkeit hat es dort zu keiner Zeit gegeben. – In diesem Zusammenhang interessiert vielleicht, dass die US-Regierung auch alte amerikanische Staatsbürger japanischer Abstammung (Nisei genannt) nach dem Kriegsausbruch 1941 in Lager sperrte. So verwerflich diese im Grunde rassistische Praxis war, von einem KZ-System kann nicht die Rede sein, da die Internierten einigermaßen human behandelt wurden und sich darum ein Vergleich mit den Lagern Hitlers oder Stalins verbietet.

7. Hungerpolitik

Ein aufschlussreiches Dokument der amerikanischen Besatzungspolitik in Deutschland ist die Direktive JCS 1067. Sie war eine Weisung der Joint Chiefs of Staff (des Vereinigten Generalstabs) an den Oberbefehlshaber der US-Besatzungstruppe. In Artikel 4b stellte sie klar: „Deutschland wird nicht besetzt zum Zwecke der Befreiung, sondern als besiegte Feindnation." Als sehr folgenreich erwies sich der folgende Artikel 5a (ähnlich Art. 21): „Sie werden nichts unternehmen, was den notwendigen Lebensstandard in Deutschland auf eine höhere Stufe he-

Deutscher Junge in Hamburg (1946)

ben könnte, als sie in den benachbarten Nationen vorhanden ist, und Sie werden geeignete Maßnahmen ergreifen, um dafür zu sorgen, dass der grundlegende Lebensstandard des deutschen Volkes nicht höher ist als der in den benachbarten Nationen ..."[1]

Der US-Historiker Alfred M. de Zayas berichtet dazu[2]: „Während diese Direktive die amerikanischen Behörden anwies, darüber zu wachen, dass sich der deutsche Lebensstandard nicht über den seiner Nachbarn erhob, versäumte sie jedoch, einen Mechanismus zu entwerfen, nach dem der Lebensstandard der verschiedenen in Betracht kommenden Länder zu messen und zu vergleichen gewesen wäre. Deshalb nahmen die alliierten Befehlshaber im besetzten Deutschland schlicht an, dass der Lebensstandard in den anderen europäischen Ländern immer noch niedriger als der deutsche sei ... (Diese Linie) wurde dann so strikt befolgt, dass die Besatzungsbehörden in allen vier Zonen mehrmals die dringende Bitten des Internationalen Roten Kreuzes zugunsten der hungernden Bevölkerung abschlugen und die Lieferung von Nahrungsmitteln und Medizin um viele Monate verzögerten. Als Erste gestattete die britische Zone im Oktober 1945 dem Roten Kreuz, Hilfslieferungen zu schicken, dann folgten die Franzosen im Dezember des Jahres. Doch die amerikanische und die sowjetische Zone wiesen im sehr strengen Winter 1945/46 alle Spenden zurück. US-Militärbehörden rieten den Delegierten des Internationalen Roten Kreuzes in Berlin, alle verfügbaren Hilfslieferungen in andere bedürftige Gebiete Europas zu schicken, obwohl umfangreiche irische und schweizerische Spenden ausdrücklich für Deutschland bestimmt waren. Schließlich konnten aber ab März 1946 Spenden in die amerikanische, ab April auch in die sowjetische Zone geliefert werden. ...

In einem Brief vom 14. Dezember 1945 an Präsident Truman hatte Senator Hawkes dringend die Wiederaufnahme des Postdienstes in Deutschland und die offizielle Genehmigung von privaten Hilfsmaßnahmen empfohlen. Präsident Trumans Antwort vom 21. Dezember 1945 klingt wie ein Echo des Morgenthau-Plans: ‚Wenn wir auch nicht wünschen, ungebührlich grausam gegen Deutschland zu verfahren, kann ich doch nicht viel Sympathie für die Leute aufbringen, die den Tod so vieler Menschen verursacht haben. ... Bevor nicht das Unglück jener, die von Deutschland bedrückt und gequält wurden, vergessen ist, scheint es nicht richtig, unsere Bemühungen den Deutschen zugute kommen zu lassen. Ich gebe zu, dass es natürlich viele Unschuldige in Deutschland gibt, die mit dem Naziterror wenig zu tun hatten. Aber die administrative Last, diese Leute herauszufinden, um sie anders als die übrigen zu behandeln, ist fast untragbar.'"

Wie eine Vorahnung dieser Politik liest sich die Predigt von Clemens August Graf von Galen, des Bischofs von Münster und späteren Kardinals, die er am 1. Juli 1945 vor Pilgern in Telgte hielt. Nach einer scharfen Verurteilung der „unwahren und ungerechten" Kollektivschuld-These rief der mittlerweile selig Gesprochene[3]: „Fort mit einer Haltung und Gesinnung, die einer etwaigen Hungersnot im deutschen Land untätig zuschauen würde, in der unwahren Meinung: alle Deutschen sind Verbrecher und verdienen schwerste Bestrafung, ja Tod und Ausrottung!"

Die Befürchtung des Gottesmannes war nicht aus der Luft gegriffen, hatte doch General Clay, 1945/46 stellvertretender Militärgouverneur der US-Besatzungszone, im Vormonat erklärt: „Ich glaube, dass die Deutschen unter Hunger und Kälte leiden sollten, da ich glaube, dass ein solches Leiden nötig ist, um ihnen die Folgen eines Krieges klarzumachen, den sie verursacht haben."[4]

Die folgende Hungerkatastrophe beruhte also weniger auf einer Verkettung unglücklicher Umstände als vielmehr auf einer bewussten Politik der Militärregierung.

Im Jahr 1935 hatte die Ernährungskommission des Völkerbundes für nicht arbeitende Erwachsene eine Tagesration von 2.400 Kalorien gefordert, für Frauen bei achtstündiger Hausarbeit 2.800 Kalorien. Normalverbrauchern hatte man 75 Gramm Eiweiß und 40 bis 60 Gramm Fett am Tag zugedacht – im Sommer 1945 entsprach dies einer Wochenration[5].

Noch 1946 meinte Feldmarschall Montgomery in einer Rede: „Die deutschen Lebensmittelbeschränkungen werden bleiben. Wir werden sie bei 1.000 Kalorien halten." (Die Briten hatten damals 2.800.) „Sie gaben den Insassen von Belsen nur 800."

Als der Deutschamerikaner Gustav Stolper (als Mitglied der Mission des früheren Präsidenten Hoover) 1947 Deutschland besuchte, notierte er: „Es ist leicht, in einem vom Überfluss gesegneten Lande wie den Vereinigten Staaten zu lesen, dass die ‚normale Konsumentenration' für die anglo-amerikanische Zone auf 1.550 Kalorien am Tag festgesetzt ist, aber dass tatsächlich diese Menge nur in Ausnahmefällen wirklich verteilt werde, während sie 1946 und 1947 für lange Zeit auf 700 bis 1.200 Kalorien sank."[6]

Aber das war noch nicht das Schlimmste. Der kanadische Historiker und Journalist James Bacque berichtet[7]: „Im Osten Deutschlands hungerten die Menschen im Jahre 1945, weil die Sowjets einen Großteil der Lebensmittel und praktisch alle Fabriken konfiszierten. Auch in der französischen Zone herrschten schlimme Zustände. In Stuttgart und

Karlsruhe nahmen sich die Franzosen mit Gewalt, was sie brauchten: Nahrungsmittel, Unterkünfte, Frauen ... Die Hungersnot dauerte auch noch Jahre nach Kriegsende an. Die Kirchen waren schwarz beflaggt. Die Kinder waren zu schwach zum Spielen. Im Januar 1947 betrug die offizielle Lebensmittelration in der französischen Zone 450 Kalorien pro Tag – die Hälfte der im Konzentrationslager Bergen-Belsen üblichen Rationen."

Im Volksmund hieß die französische Besatzungszone bald nur noch „Hungerzone"[8].

Eine Reihe zusätzlicher Faktoren steigerte die Auswirkungen des Hungers dramatisch. Der Bombenkrieg hatte in München 65 Prozent aller Wohnungen zerstört, in Köln 70 Prozent und in einigen kleineren Städten wie zum Beispiel Düren bis zu 99 Prozent. Ohne fließendes Wasser, Strom und Heizung hausten zahllose Menschen in Kellerlöchern, Bunkern und Baracken. Aus Köln meldete Ende 1945 ein Schweizer Helfer, pro Person stünden etwa vier Kubikmeter (!) Wohnraum zur Verfügung[9].

War der Winter 1945/46 schon schlimm gewesen, so war der Winter 1946/47 die reinste Katastrophe. Es war der kälteste Winter seit 100 Jahren[10]. Es herrschte wochenlang eisige Kälte, als die Temperaturen auf unter 20 Grad minus sanken. Im Ruhrgebiet schlossen die Schulen, weil die Räume nicht beheizt werden konnten. In München und Hamburg mussten Verwaltungen und Betriebe schließen. Im Münchner Rathaus gefror die Tinte in den Fässern. 300 Betriebe blieben geschlossen – es gab keinen Strom mehr. In den Ruinen durchwühlten Münchner die Gebäudetrümmer, um die verschütteten Kohlenkeller aufzuspüren. Erfrierungen, Gelenkrheumatismus, Lungen- und Rippenfellentzündungen grassierten.

Scharen von Frierenden überfielen Kohlenzüge. Einer von ihnen war der spätere Bundesminister Hans Apel: „Wir hatten wahnsinnigen Hunger, und es war so eiskalt, dass wir mit den Kleidern ins Bett gingen – und trotzdem froren. Hinter unserem Haus in Hamburg-Barmbek führte eine Bahnlinie vorbei. Die Kohlenzüge mussten eine leichte Steigung überwinden, sodass wir aufspringen und in aller Hast die Kohlen herunterschaufeln konnten. Abends heizten wir dann unseren Kanonenofen damit." Der damalige Kölner Erzbischof Josef Frings erklärte diese Art der Kohlenbeschaffung für moralisch gerechtfertigt. „Fringsen", mit dem der Volksmund auch den Kartoffel-Diebstahl umschrieb, galt nicht als Verfehlung. Apels Mutter starb im September 1946 – auch an Unterernährung[11]. In einer Denkschrift wies die Deutsche Ärztekam-

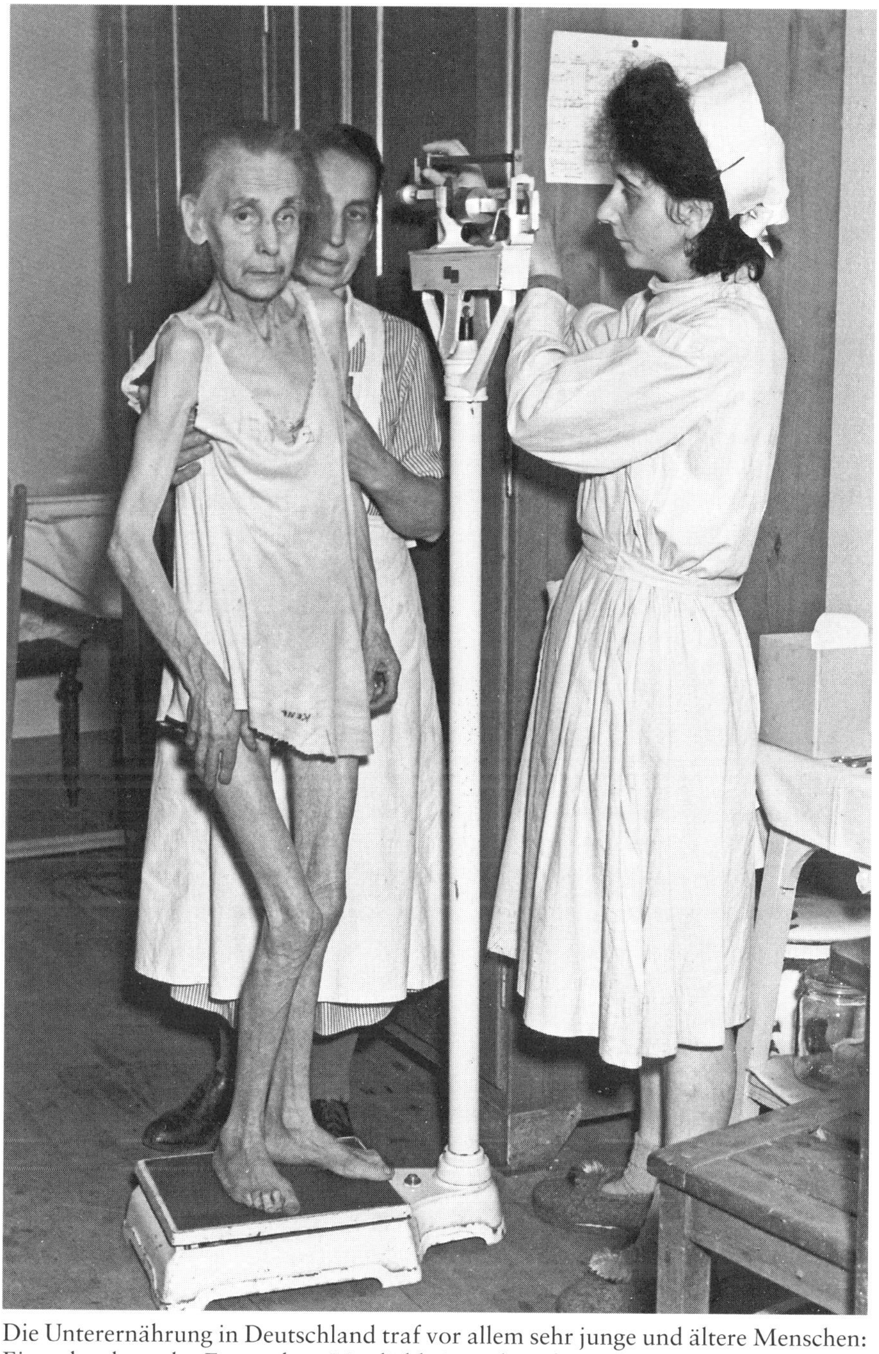

Die Unterernährung in Deutschland traf vor allem sehr junge und ältere Menschen: Eine alte deutsche Frau, ohne Möglichkeit, sich auf Krücken zu stützen, wird in einem Berliner Krankenhaus gewogen (November 1947).

mer im Sommer 1947 daraufhin, dass 80 Prozent der Bevölkerung unterernährt seien[12].

Die Säuglingssterblichkeit stieg nicht nur wegen der Winterkälte. Die Unterernährung ließ den Fettgehalt der Muttermilch auf 2 oder gar 0,5 Prozent absinken (normal wären 3,5 bis 5 Prozent). Mangels Windeln und Stoffresten wurden Säuglinge selten trockengelegt; Wundstellen entwickelten sich zu tiefen Verletzungen. Verfügte eine Kinderklinik noch über Säuglingswäsche, lieh sie die für kurze Zeit jungen Müttern; dann erhielt eine andere Wöchnerin die Grundausstattung für einige Wochen[13].

Die extrem beengten und unhygienischen Verhältnisse begünstigten die Ausbreitung von Krankheitsüberträgern wie Läusen, Flöhen und Ratten; Haut- und Infektionskrankheiten traten fast epidemisch auf.

Noch im März 1949 beklagte Konrad Adenauer als Präsident des Parlamentarischen Rats in seiner Rede vor der Interparlamentarischen Union in Bern die katastrophale Ernährungslage in Deutschland: die Kindersterblichkeit in Berlin betrage 13,5 Prozent (gegenüber einem Prozent in New York)[14], die Zahl der Tuberkulosekranken sei gegenüber 1938 um das Zweieinhalbfache gestiegen; für diese 160.000 Patienten stünden nur 14.000 Krankenhausbetten zur Verfügung. Da vielerorts noch Strom und Kohle fehlten, grassierten Lungen- und Rippenfellentzündungen[15].

Allein für die sowjetische Besatzungszone befürchtete der erwähnte US-Militärgouverneur Lucius D. Clay im Jahr 1945 bis zu 3 Millionen Todesfälle[16]: „Diese niedrige Lebensmittelzuteilung fordert bereits ihren Tribut. Die Sterberate ist an vielen Orten um ein Vielfaches gestiegen, und die Säuglingssterblichkeit nähert sich vielerorts 65 Prozent. Deutsche Beobachter rechnen damit, dass bis zum Frühjahr 1946 zwischen Elbe und Oder 2,5 bis 3 Millionen Menschen Epidemien und Unterernährung zum Opfer gefallen sein werden."

Da sich in der sowjetischen Besatzungszone ein Terror-Regime etabliert hatte und Hungerdemonstrationen wie zum Beispiel im Ruhrgebiet völlig undenkbar waren, sahen Tausende Menschen nur noch den Selbstmord als Ausweg aus ihrer verzweifelten Lage.

Robert Murphy, seit 1945 der diplomatische Vertreter der US-Regierung bei der Amerikanischen Militärregierung in Deutschland, schrieb in einem Memorandum zur Sitzung des Außenministerrats noch im Februar 1947 (das Papier wurde bis 1988 geheim gehalten), er rechne in den kommenden zwei bis drei Jahren „infolge der gegenwärtigen hohen Sterberate in Deutschland" mit einer Schrumpfung der Bevölkerung um zwei Millionen[17].

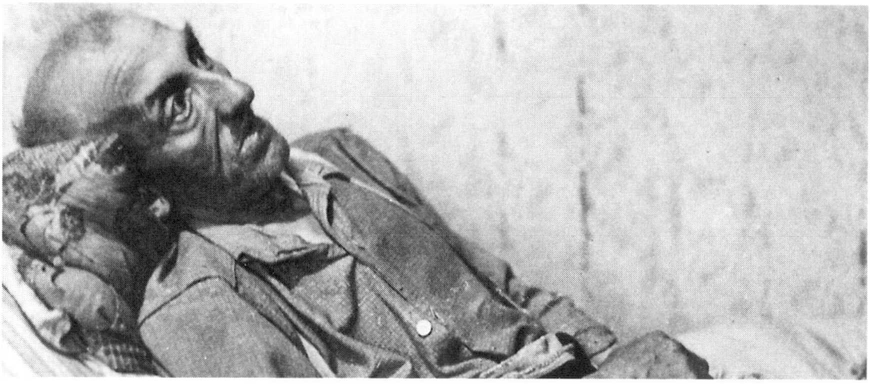

Vertriebener mit den nach Kriegsende typischen Merkmalen der Unterernährung (Foto: Schweizerisches Rotes Kreuz)

Nach jahrelanger Auswertung alliierter und deutscher Aktenbestände kam James Bacque auf die schier unglaubliche Zahl von 5,7 Millionen direkter oder indirekter Hungeropfer in Deutschland, nicht gerechnet die Todesfälle unter Kriegsgefangenen und Vertriebenen. Selbst schockiert von solchen Horrorzahlen, ließ er seine Unterlagen von einem international bekannten Seuchenforscher überprüfen. Dieser – Dr. Anthony B. Miller, Sonderberater der Weltgesundheitsorganisation (WHO) in Genf – bestätigte dann tatsächlich Bacques Forschungsergebnisse[18].

Als weitere Gegenprobe kann der Vergleich mit den Hungertoten nach Ende des Ersten Weltkriegs dienen: Zumindest in Historikerkreisen ist bekannt, dass die fortgesetzte Lebensmittelblockade der Alliierten – bis acht Monate nach dem Waffenstillstand vom 11. November 1918 – in Deutschland und Österreich rund eine Million Menschen das Leben kostete[19]. Die wesentlich radikalere Hungerpolitik in einem wesentlich längeren Zeitraum nach dem Zweiten Weltkrieg muss daher ungleich mehr Opfer gefordert haben. Selbst wenn man dem Kanadier Ungenauigkeiten unterstellt (angesichts der chaotischen Nachkriegszeit verständlich!) und die Opferzahl vorsorglich nach unten korrigiert, dürfte eine Größenordnung von vier Millionen die Untergrenze sein.

Als stellvertretender Landrat von Schongau hat der unvergessene Franz Josef Strauß die Not der Menschen nach dem Krieg hautnah miterlebt und nie ein Blatt vor den Mund genommen. An die amerikanische Adresse gerichtet sagte er mit bayerischer Deutlichkeit[20]: „Wir haben auf euch als Befreier gewartet und ihr seid als Plünderer und puritanische Schulmeister gekommen; ihr habt verkündet, dass ihr uns Menschlichkeit und Demokratie bringen wolltet, und dann setzt ihr das Recht außer Kraft, verurteilt ein ganzes Volk zum Verhungern …"

8. Bilanz und Ausblick

Zusammenfassend ist festzuhalten:

1944 und 1945 ereigneten sich blutige „Säuberungen“ in Frankreich und Italien. Sie wurden aber weit übertroffen durch den Terror in Jugoslawien und der Sowjetunion. Bei letzterer rechnen die Historiker mit unvorstellbaren 8 bis 12 Millionen Toten.

In Deutschland wurden vier Millionen Menschen zu direkten oder indirekten Opfern der alliierten Hungerpolitik.

Von der Bevölkerung Ostdeutschlands und der deutschen Sprachinseln in Ost- und Südeuropa sind rund 2,8 Millionen bei Flucht und Vertreibung ums Leben gekommen.

Für die 16,5 Millionen Bewohner Ostdeutschlands und der deutschen Streusiedlungen in Ost- und Südosteuropa (ohne Russland) hat das Statistische Bundesamt rund 2,2 Millionen Opfer errechnet; der Rest entfällt auf die nach 1939 in die Vertreibungsgebiete zugezogenen West- und Mitteldeutschen und auf die Russlanddeutschen.

Von rund 11 Millionen deutschen Kriegsgefangenen des Zweiten Weltkriegs sind über 1,6 Millionen umgekommen. Die absolut höchste Opferzahl verzeichnete die Sowjetunion mit 1,335 Millionen, die relativ höchste Jugoslawien mit einer Sterberate von 50 Prozent. Im Tito-Staat haben auch die meisten Massenerschießungen von Gefangenen und die schlimmsten Grausamkeiten stattgefunden. Unter den westlichen Gewahrsamsmächten haben die Gefangenen in Frankreich die schlechteste Behandlung erfahren, aber auch in den US-Camps herrschten zeitweise unmenschliche Bedingungen.

In die Sowjetunion verschleppt wurden rund 900.000 Deutsche. Die größte Gruppe unter den Deportierten stellten mit 500.000 die sog. Reparationsverschleppten (ihre Zwangsarbeit war nach alliierter Auffassung eine Form der Reparation). Von den 500.000 starb fast die Hälfte – 47 Prozent – in sowjetischen Lagern. Aber auch die anderen Verschleppten wie zum Beispiel die geflohenen und später zwangsweise repatriierten Russlanddeutschen, ca. 270.000 an der Zahl, hatten mit 37 Prozent sehr hohe Menschenopfer zu beklagen.

Der Einmarsch der Roten Armee in Mitteldeutschland und im östlichen Österreich verlief regional sehr unterschiedlich. Während es mancherorts nur wenige Ausschreitungen gab, wurden andere Gegenden ähnlich heimgesucht wie die Vertreibungsgebiete. Mit 240.000 Toten in Mitteldeutschland und 60.000 in Österreich liegen die Menschenopfer des sowjetischen Einmarsches hier deutlich unter den Vergleichszahlen für die Oder-Neiße-Gebiete.

Die Konzentrationslager in Mitteldeutschland wurden nicht 1945 aufgelassen, sondern erst 1950. Nach Kriegsende dienten sie nicht nur der Internierung höherer NS-Funktionäre, sondern auch der Ausschaltung der bürgerlichen Oberschicht und derjenigen Demokraten, in denen man sowjetischerseits eine potentielle Gefahr für die kommunistische Diktatur sah. Die Verhältnisse in den Lagern waren nach 1945 nicht weniger unmenschlich als vorher. Die Zustände in sowjetzonalen Gefängnissen und Konzentrationslagern haben fast 100.000 Menschenleben gekostet.

Eine Bilanz der deutschen Nachkriegsverluste ergibt somit das folgende Bild (Zahlen in Millionen):

Opfer der Hungerpolitik	4,0
Vertreibungsopfer	2,8
Tote unter Kriegsgefangenen	1,6
Opfer der Roten Armee in Mitteldeutschland und Österreich	0,3
Sterbefälle in den sowjetischen KZs und Gefängnissen in Mitteldeutschland	0,1
	8,8

Die erschreckende Zahl von 8,8 Millionen Nachkriegsverlusten führt zwangsläufig zu weiteren Fragen, vor allem nach der Relation zu den deutschen Kriegs- und Diktaturopfern[1]. Bei diesen wären hervorzuheben:

Euthanasieopfer („lebensunwertes Leben")	knapp	100.000
Diktaturopfer, meist im KZ umgekommen (Oppositionelle, Homosexuelle, Kriminelle, Zigeuner, „Bibelforscher", „Asoziale")		125.000
Deutsche Juden	ca.	170.000
Opfer des Bombenkriegs	annähernd	600.000
Militärverluste (die Schätzungen bewegen sich zwischen 3 und 5,5 Millionen)		4.250.000
		5.145.000

Hieraus ergibt sich die überraschende und in der Öffentlichkeit kaum bekannte Tatsache, dass nach dem Krieg mehr Deutsche sterben mussten als während des Krieges und in den zwölf Jahren der braunen Diktatur.

Während die Alliierten zu keiner Zeit von einer Befreiung des deutschen Volkes sprachen, sondern – ausgehend von einer imaginierten Kollektivschuld – immer nur von einer Bestrafung „der Deutschen", ist hierzulande im Zusammenhang mit dem Datum 8. Mai 1945 immer öfter von Befreiung die Rede. Dieser Begriff trifft die Situation der politisch, rassisch oder religiös Verfolgten, aber nicht die der Nation als Ganzes. Das Wissen darum, dass die so genannte Befreiung mehr Deutsche das Leben gekostet hat als Krieg und Diktatur zusammengenommen, kann vielleicht zu einer Versachlichung der Befreiungsdebatte beitragen.

Die verhältnismäßig geringe Zahl der deutschen Diktaturopfer – in Relation zu den Nachkriegsopfern, aber auch in Relation zu den Opfern Lenins und Stalins – beruht im Übrigen nicht auf humanen Anwandlungen Hitlers, sondern auf einem Phänomen, das die Totalitarismusforscher so beschreiben: Während der Nationalsozialismus explodierte, d. h. seine kriminellen Energien überwiegend nach außen entfaltete, ist der Sowjetkommunismus implodiert und hat seine kriminellen Energien überwiegend im eigenen Land freigesetzt.

Doch das wäre Thema eines anderen Buches.

Dokumentenanhang

Die Auslieferung der Kosaken 1945

(Britischer Bericht aus Österreich)

Korporal Edward Stewart, seinerzeit Meldefahrer, berichtet:

„Eines Tages musste ich antreten, um die britische Seite einer Brücke in Judenburg zu bewachen, während ein Konvoi mit russischen Kosaken an die Russen auf der anderen Brückenseite ausgeliefert werden sollte. Offiziell wurde uns der Grund für die Auslieferung dieser unglücklichen Menschen nie mitgeteilt, aber wir wussten, dass sie auf deutscher Seite gegen uns gekämpft hatten (dies traf selbstverständlich nicht zu, N. T.). Es war uns auch klar, dass sie dem Tod entgegengingen. Darüber bestand nie der geringste Zweifel.

In der Nähe der Brücke stand ein Latrineneimer, und viele der Kosaken benutzten ihn, ehe sie die Brücke überquerten, doch nicht eines natürlichen Bedürfnisses wegen. Sie füllten ihn mit deutscher Reichsmark, Uhren und anderen Schmuckstücken. Es mag sonderbar klingen, dass solch ein Eimer überhaupt aufgestellt wurde, denn alle Truppen hatten seit Beginn des Krieges Feld, Wald und Wiese als riesigen Misthaufen benutzt. Zu der Zeit konnte ich keine Gewalttätigkeit gegen die Kosaken beobachten, aber ich fuhr nicht mit dem Konvoi mit, sondern stellte mich nur an dem Punkt der Nimmerwiederkehr auf …

Doch in der folgenden Nacht und am nächsten Tag begannen wir die Gewehrsalven zu zählen, die, zusammen mit dem schönsten Männergesang, den ich je gehört habe, aus dem russischen Sektor zu uns herüberdrangen. Die Stimmen hallten in der ganzen Gegend wider. Dann hörte man, wie auf das Gewehrfeuer Beifallgejohl folgte."

(Quelle: Nikolai Tolstoy; Die Verratenen von Jalta, S. 256 f.)

Massaker der Sowjets vor ihrem Rückzug aus Lemberg/Galizien 1941

(Zeugenaussage des Stabsarztes Dr. Georg Saeltzer, aus den Akten der Wehrmacht-Untersuchungsstelle)

„Ich begab mich sofort mit 2 Mann der Feldpolizei zum brennenden Gefängnis Brigitti. Da traf ich einen jungen Ukrainer, etwa 24 Jahre alt, der mich durch das Gefängnis führte. Er gab an, 24 Stunden vorher kurz vor seiner beabsichtigten Erschießung aus der Zelle drei des linken Gebäudes entflohen zu sein, und führte mich durch die Kellerräume, durch das Erdgeschoss und durch den 1. Stock des ganzen Gefängnisses. Die Bevölkerung, die durch den Eingang nachdrängte, bat wehklagend und jammernd, nach ihren Angehörigen sehen zu dürfen, mit denen sie noch 2 Tage zuvor Verbindung durch Zurufe hätten aufnehmen können. Wir entdeckten gleich am Eingang in den 4 ersten Kellern eine Unmenge Leichen, die an der obersten Schicht verhältnismäßig frisch waren, während die untersten Schichten schon stark in Verwesung übergingen. Im 4. Keller waren die Leichen durch eine geringe Sandschicht notdürftig überdeckt. Im ersten Gefängnishof lagen noch mehrere mit Blut befleckte Krankentragen. Auf einer Krankentrage lag eine durch Genickschuss getötete männliche Person …

Auf meine Veranlassung wurde mit der Ausräumung der Keller sofort begonnen, und es wurden im Laufe der folgenden drei Tage 423 Leichen auf den Hof zur Schau gebracht. Unter den Leichen befanden sich Knaben im Alter von 10, 12 und 14 Jahren etwa, weiterhin junge Frauen von 18, 20 und 22 Jahren, außerdem Greise und ältere Frauen …

Von da fuhr ich zum Gefängnis der früheren GPU … Beim Aufbrechen der Tür in die unteren Gefängnisräume wurden 4 Leichen am Eingang der Treppe, darunter eine junge Frau am Alter von etwa 20 Jahren gefunden, die zu allerletzt scheinbar erschossen wurden, im ersten großen Zimmer lagen die Leichen bis zur Hälfte der Höhe des Zimmers …

Von da wurde ich zum Militärgefängnis im Norden der Stadt gerufen. Beim Betreten der Keller war ein derartiger Verwesungsgeruch und lief derartig das Blut unter den Leichenbergen hervor, dass wir uns alle einer polnischen Gasmaske bedienen mussten, um in den Kellern die nötigen Erhebungen anstellen zu können. Die Mädchen, Frauen und Männer lagen schichtweise übereinandergeworfen, bis an die Decke des Kellers gefüllt. Der dritte und vierte Keller war nur ¾ voll. Es wurden 460 Leichen aus diesen Kellern geborgen. Von den Leichen zeigten viele Spuren gröbster Misshandlungen, Verstümmelungen an Armen und Beinen und Fesselungen. Die Bergung der restlichen Leichen wurde eingestellt auf Befehl des Kommandanten, da infolge der Hitze die Verwesung derartig stark war, dass eine Wiedererkennen der schlecht gekleideten Leichen unmöglich war."

(Quelle: Alfred M. de Zayas, Die Wehrmacht-Untersuchungsstelle, S. 335 f.)

Frauen nach dem Massaker der sowjetischen Geheimpolizei GPU im Juli 1941 in Lemberg

Lemberg, GPU-Gefängnis: Ukrainer, die kurz vor dem Einrücken der deutschen Wehrmacht durch die sowjetische Geheimpolizei erschossen wurden.

Die Lemberger Bevölkerung identifiziert ihre durch die Sowjets ermordeten Angehörigen.

1. Bevölkerungsbilanz für die z. Z. unter fremder Verwaltung stehenden Ostgebiete des Deutschen Reiches

in 1000

Bestand bzw. Vorgang	Ost-preußen	Ost-pommern	Ost-branden-burg	Schlesien	Zu-sammen
Wohnbevölkerung im Mai 1939	2 488,1	1 895,2	644,8	4 592,7	9 620,8
darunter					
A. Deutsche Bevölkerung	2 473,0	1 883,7	642,0	4 576,5	9 575,2
B. Natürliche Zunahme der deutschen Bevölkerung von Mai 1939 bis Kriegsende (ohne Berücksichtigung der Kriegsverluste)	121,0	72,0	15,0	174,0	382,0
C. (= A + B) Deutsche Bevölkerung bei Kriegsende (ohne Berücksichtigung der Kriegsverluste)	2 594,0	1 955,7	657,0	4 750,5	9 957,2
D. Kriegsverluste der deutschen Bevölkerung					
1. Wehrmachtssterbefälle	210,0	125,0	41,0	280,0	656,0
2. Luftkriegstote der Zivilbevölkerung	2,0	8,0	0,5	1,0	11,5
E. (= C—D) De-jure-Stand der deutschen Bevölkerung (ohne Berücksichtigung der bei Erdkämpfen entstandenen Kriegsverluste der Zivilbevölkerung) bei Kriegsende	2 382,0	1 822,7	614,5	4 469,5	9 289,7
F. Vertriebene im September 1950	1 959,0	1 430,0	395,0	3 197,0	6 981,0
darunter im(n)					
Bundesgebiet	1 347,2	891,1	131,2	2 053,4	4 422,9
Berlin (West)	28,3	31,7	21,7	36,6	118,3
G. Geburtenüberschuß der Vertriebenen von Kriegsende bis September 1950	49,0	33,0	6,0	76,0	164,0
H. (= F—G) Von der Vertreibung direkt Betroffene	1 910,0	1 397,0	389,0	3 121,0	6 817,0
J. Zurückgebliebene und zurückgehaltene deutsche Bevölkerung	160,0	55,0	16,0	870,0	1 101,0
K. Im September 1950 vermutlich noch am Leben befindliche Kriegsgefangene, Zivilinternierte und Vermißte	12,8	6,0	2,0	12,2	33,0
L. (= H + J + K) Geklärte Fälle	2 082,8	1 458,0	407,0	4 033,2	7 951,0
M. (= E—[H + J + K]) Ungeklärte Fälle (Nachkriegsverluste)	299,2	364,7	207,5	466,3	1 338,7
N. (= D + M) Kriegs- und Nachkriegsverluste insgesamt	511,2	497,7	250,0	747,3	2 006,2
vH der deutschen Bevölkerung im Mai 1939	*20,7*	*26,4*	*38,9*	*16,3*	*20,9*
darunter					
O. (= D2 + M) Verluste der Zivilbevölkerung	311,2	372,7	209,0	497,3	1 390,2

(Quelle: Statistisches Bundesamt, Die deutschen Vertreibungsverluste, S. 38)

2. Bevölkerungsbilanz für deutsche Siedlungsgebiete im Ausland

in 1000

Bestand bzw. Vorgang	Mittel- und osteuropäisches Ausland				
	Baltische Staaten und Memelgebiet	Danzig	Polen	Tschechoslowakei	Zusammen
A. Deutsche Bevölkerung im September 1939	249,5	380,0	1 371,0[1]	3 477,0	5 477,5
B. Natürliche Zunahme der deutschen Bevölkerung von September 1939 bis Kriegsende (ohne Berücksichtigung der Kriegsverluste)	6,4	15,0	30,0	156,0	207,4
C. (= A + B) Deutsche Bevölkerung bei Kriegsende (ohne Berücksichtigung der Kriegsverluste)	255,9	395,0	1 401,0	3 633,0	5 684,9
D. Kriegsverluste der deutschen Bevölkerung — Wehrmachtsverluste	15,0	22,0	108,0	180,0	325,0
E. (= C—D) De-jure-Stand der deutschen Bevölkerung (ohne Berücksichtigung der Kriegsverluste der Zivilbevölkerung) bei Kriegsende	240,9	373,0	1 293,0[2]	3 453,0	5 359,9
F. Vertriebene im September 1950	169,5	290,8	688,0	3 000,4	4 148,7
darunter im(n)					
Bundesgebiet	107,6	225,0	409,7	1 912,0	2 654,3
Berlin (West)	2,3	5,2	9,9	5,8	23,2
G. Geburten- bzw. Sterbefallüberschuß der Vertriebenen von Kriegsende bis September 1950	— 0,7	7,0	16,0	79,0	101,3
H. (= F ± G) Von der Vertreibung direkt Betroffene	170,2	283,8	672,0	2 921,4	4 047,4
J. Zurückgebliebene und zurückgehaltene deutsche Bevölkerung	15,0	4,0	431,0[2]	250,0	700,0
K. Im September 1950 vermutlich noch am Leben befindliche deutsche Kriegsgefangene, Zivilinternierte und Vermißte	4,3	2,0	5,0	8,7	20,0
L. (= H + J + K) Geklärte Fälle	189,5	289,8	1 108,0	3 180,1	4 767,4
M. (= E—[H + J + K]) Ungeklärte Fälle (Nachkriegsverluste)	51,4	83,2	185,0	272,9	592,5
N. (= D + M) Kriegs- und Nachkriegsverluste insgesamt	66,4	105,2	293,0	452,9	917,5
vH der deutschen Bevölkerung bei Kriegsbeginn	*26,6*	*27,7*	*21,4*	*13,0*	*16,8*

[1]) Darunter 383 000 Zweisprachige, die zu dem von der Vertreibung nicht betroffenen Bevölkerungsteil gehören. — [2]) Darunter 361 000 Zweisprachige, die zu dem von der Vertreibung nicht betroffenen Bevölkerungsteil gehören.

noch: 2. Bevölkerungsbilanz für deutsche Siedlungsgebiete im Ausland

in 1000

Bestand bzw. Vorgang	Südosteuropa: Ungarn	Südosteuropa: Jugoslawien	Südosteuropa: Rumänien	Südosteuropa: Zusammen	Deutsche Siedlungsgebiete im Ausland insgesamt
A. Deutsche Bevölkerung im September 1939	623,0[1]	536,8	786,0[1]	1 945,8	7 423,3
B. Natürliche Zunahme der deutschen Bevölkerung von September 1939 bis Kriegsende (ohne Berücksichtigung der Kriegsverluste)	10,0	13,0	34,0	57,0	264,4
C. (= A + B) Deutsche Bevölkerung bei Kriegsende (ohne Berücksichtigung der Kriegsverluste)	633,0	549,8	820,0	2 002,8	7 687,7
D. Kriegsverluste der deutschen Bevölkerung — Wehrmachtasterbefälle	32,0	40,0	35,0	107,0	432,0
E. (= C—D) De-jure-Stand der deutschen Bevölkerung (ohne Berücksichtigung der Kriegsverluste der Zivilbevölkerung) bei Kriegsende	601,0	509,8	785,0	1 895,8	7 255,7
F. Vertriebene im September 1950	213,0	297,5	253,0	763,5	4 912,2
darunter im(n) Bundesgebiet	178,0	147,5	148,6	474,1	3 128,4
Berlin (West)	0,2	0,5	0,9	1,6	24,8
G. Geburtenüberschuß der Vertriebenen von Kriegsende bis September 1950	7,0	10,5	7,0	24,5	125,8
H. (= F—G) Von der Vertreibung direkt Betroffene	206,0	287,0	246,0	739,0	4 786,4
J. Zurückgebliebene und zurückgehaltene deutsche Bevölkerung	270,0	82,0	400,0	752,0	1 452,0
K. Im September 1950 vermutlich noch am Leben befindliche deutsche Kriegsgefangene, Zivilinternierte und Vermißte	8,0	5,0	6,0	19,0	39,0
L. (= H + J + K) Geklärte Fälle	544,0[2]	374,0	684,0[3]	1 602,0[4]	6 369,4[4]
M. (= E—[H + J + K]) Ungeklärte Fälle (Nachkriegsverluste)	57,0[5]	135,8	101,0	293,8	886,3
N. (= D + M) Kriegs- und Nachkriegsverluste insgesamt	89,0	175,8	136,0	400,8	1 318,3
vH der deutschen Bevölkerung bei Kriegsbeginn	*14,3*	*32,7*	*17,3*	*20,6*	*17,8*

[1]) Im Jahre 1940. — [2]) Einschl. 60000 Personen als Assimilationsverlust. — [3]) Einschl. 32000 Personen als Assimilationsverlust. — [4]) Einschl. 92000 Personen als Assimilationsverlust. — [5]) Darunter 4000 Kriegsverluste der Zivilbevölkerung.

(Quelle: Statistisches Bundesamt, Die deutschen Vertreibungsverluste, S. 45 ff.)

„Töte den Deutschen!" – Sowjetische Flugblatt-Propaganda

Auszug aus Ilja Ehrenburgs Aufruf „Töte!", in Zeitungen und als Flugblatt verbreitet, abgedruckt in Ehrenburgs Buch „Woina" (Der Krieg), Moskau 1943:

„Die Deutschen sind keine Menschen. Von jetzt ab ist das Wort ‚Deutscher' für uns der allerschlimmste Fluch. Von jetzt ab bringt das Wort ‚Deutscher' ein Gewehr zur Entladung. Wir werden nicht sprechen. Wir werden uns nicht aufregen. Wir werden töten. Wenn du nicht im Laufe eines Tages wenigsten einen Deutschen getötet hast, so ist es für dich ein verlorener Tag gewesen. Wenn du glaubst, dass statt deiner der Deutsche von deinem Nachbarn getötet wird, so hast du die Gefahr nicht erkannt. Wenn du den Deutschen nicht tötest, so tötet der Deutsche dich. Er wird die Deinigen festnehmen und sie in seinem verfluchten Deutschland foltern. Wenn du den Deutschen nicht mit einer Kugel töten kannst, so töte ihn mit dem Seitengewehr. Wenn in deinem Abschnitt Ruhe herrscht und kein Kampf stattfindet, so töte den Deutschen vor dem Kampf. Wenn du den Deutschen am Leben lässt, wird der Deutsche den russischen Mann aufhängen und die russische Frau schänden. Wenn du einen Deutschen getötet hast, so töte einen zweiten – für uns gibt es nichts Lustigeres als deutsche Leichen. Zähle nicht die Tage. Zähle nicht die Kilometer. Zähle nur eines: die von dir getöteten Deutschen! Töte den Deutschen! – dieses bittet dich deine greise Mutter. Töte den Deutschen! – dieses bitten dich deine Kinder. Töte den Deutschen! – so ruft die Heimaterde. Versäume nichts! Versieh dich nicht! Töte!"

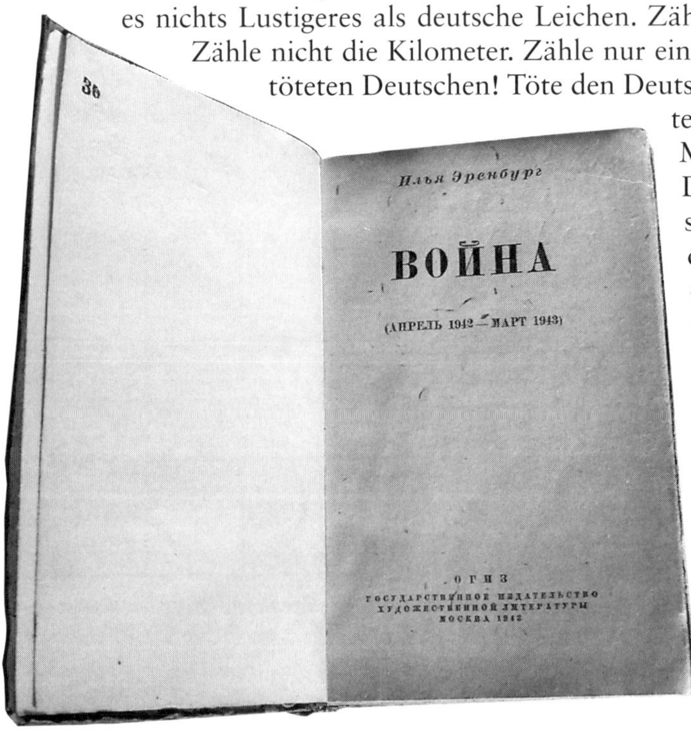

Die Titelseite einer der drei Bände der Aufsatzsammlung „Woina" (Krieg; Moskau 1943)

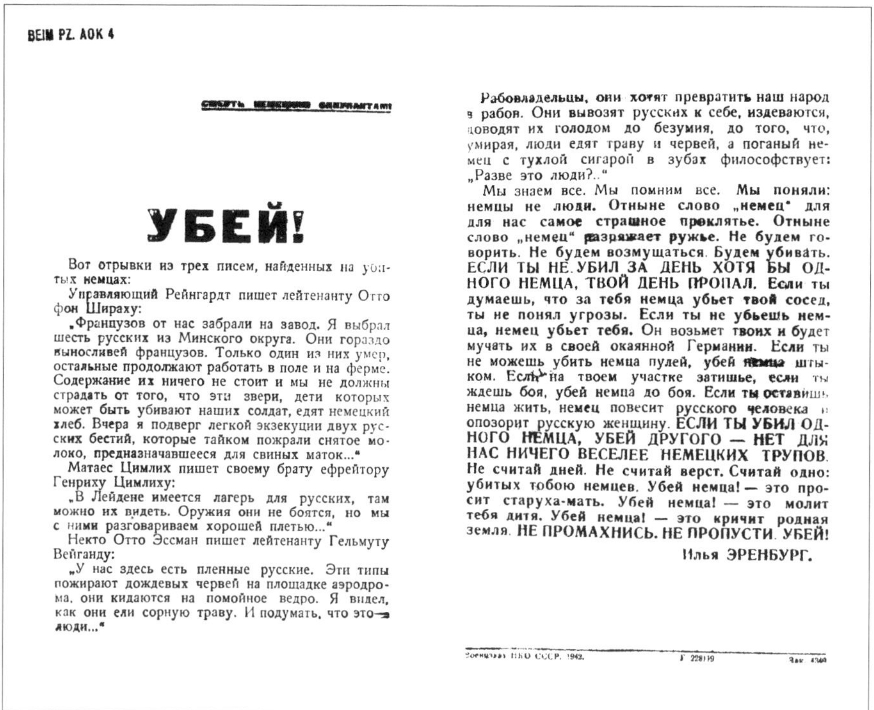

BEIM PZ. AOK 4

УБЕЙ!

Вот отрывки из трех писем, найденных на убитых немцах:

Управляющий Рейнгардт пишет лейтенанту Отто фон Шираху:

„Французов от нас забрали на завод. Я выбрал шесть русских из Минского округа. Они гораздо выносливей французов. Только один из них умер, остальные продолжают работать в поле и на ферме. Содержание их ничего не стоит и мы не должны страдать от того, что эти звери, дети которых может быть убивают наших солдат, едят немецкий хлеб. Вчера я подверг легкой экзекуции двух русских бестий, которые тайком пожрали снятое молоко, предназначавшееся для свиных маток...“

Матаес Цимлих пишет своему брату ефрейтору Генриху Цимлиху:

„В Лейдене имеется лагерь для русских, там можно их видеть. Оружия они не боятся, но мы с ними разговариваем хорошей плетью...“

Некто Отто Эссман пишет лейтенанту Гельмуту Вейганду:

„У нас здесь есть пленные русские. Эти типы пожирают дождевых червей на площадке аэродрома, они кидаются на помойное ведро. Я видел, как они ели сорную траву. И подумать, что это — люди...“

Рабовладельцы, они хотят превратить наш народ в рабов. Они вывозят русских к себе, издеваются, доводят их голодом до безумия, до того, что, умирая, люди едят траву и червей, а поганый немец с тухлой сигарой в зубах философствует: „Разве это люди?..“

Мы знаем все. Мы помним все. Мы поняли: немцы не люди. Отныне слово „немец“ для для нас самое страшное проклятье. Отныне слово „немец“ разряжает ружье. Не будем говорить. Не будем возмущаться. Будем убивать. ЕСЛИ ТЫ НЕ УБИЛ ЗА ДЕНЬ ХОТЯ БЫ ОДНОГО НЕМЦА, ТВОЙ ДЕНЬ ПРОПАЛ. Если ты думаешь, что за тебя немца убьет твой сосед, ты не понял угрозы. Если ты не убьешь немца, немец убьет тебя. Он возьмет твоих и будет мучать их в своей окаянной Германии. Если ты не можешь убить немца пулей, убей немца штыком. Если на твоем участке затишье, если ты ждешь боя, убей немца до боя. Если ты оставишь немца жить, немец повесит русского человека и опозорит русскую женщину. ЕСЛИ ТЫ УБИЛ ОДНОГО НЕМЦА, УБЕЙ ДРУГОГО — НЕТ ДЛЯ НАС НИЧЕГО ВЕСЕЛЕЕ НЕМЕЦКИХ ТРУПОВ. Не считай дней. Не считай верст. Считай одно: убитых тобою немцев. Убей немца! — это просит старуха-мать. Убей немца! — это молит тебя дитя. Убей немца! — это кричит родная земля. НЕ ПРОМАХНИСЬ. НЕ ПРОПУСТИ. УБЕЙ!

Илья ЭРЕНБУРГ.

Воениздат НКО СССР. 1942.

Einer der von Ilja Ehrenburg unterzeichneten Aufrufe: „Ubej!“ – „Töte!“

Auszug aus dem Flugblatt „Schlag den Deutschen – den Satan“ (ohne Verfasserangabe):

„… Töte den Deutschen, wo du ihn antriffst. Schlag ihn auf der städtischen Straße, im Hause, spreng ihn mit der Granate, stich das Bajonett in ihn, die Mistgabel; spalt ihn mit dem Beil, setz ihn auf den Pfahl, zerschneid ihn mit dem Messer – schlag, wie du kannst – ABER TÖTE! Töte ihn, und du rettest dein Leben und das deiner Familie. Töte ihn, und du rettest deine Heimat, dein Volk. Überall musst du die Bestie schlagen! Wenn er halt macht und schläft – zerfleische den Schlafenden. Passiert er den Wald, da moge er den Tod finden. Ist er unterwegs – eine Mine soll ihn zerreißen. Fährt er in der Eisenbahn – lass den Zug am Abhang entgleisen. Zerdrücke, zerspalte, zersteche ihn im Wald, auf dem Feld, auf den Straßen, vernichte ihn überall! …“

(Quelle: Heinz Nawratil, Schwarzbuch der Vertreibung 1945 bis 1948, S. 97)

Alexander Solschenizyns ostpreußische Impressionen

Als junger Hauptmann hat Solschenizyn den Einmarsch der Roten Armee im ostpreußischen Neidenburg erlebt und literarisch aufgearbeitet:

„Zweiundzwanzig, Höringstraße.
Noch kein Brand, doch wüst geplündert.
Durch die Wand gedämpft – ein Stöhnen:
Lebend finde ich noch die Mutter.
Waren's viel auf der Matratze?
Kompanie? Ein Zug? Was macht es!
Tochter – Kind noch, gleich getötet.
Alles schlicht nach Parole:

NICHTS VERGESSEN! NICHTS VERZEIH'N!
BLUT FÜR BLUT! – Und Zahn für Zahn.

Wer noch Jungfrau, wird zum Weibe,
und die Weiber – Leichen bald.
Schon vernebelt, Augen blutig,
bittet: „Töte mich, Soldat!"
Sieht nicht der getrübte Blick?
Ich gehör doch auch zu jenen!"

(Quelle: Alexander Solschenizyn, Ostpreußische Nächte, S. 35)

George F. Kennans ostpreußische Impressionen

Der amerikanische Diplomat und Historiker George F. Kennan beschreibt in seinen Memoiren den Zustand Ostpreußens nach 1945:

„Die Katastrophe, die über dieses Gebiet mit dem Einzug der sowjetischen Truppen hereinbrach, hat in der modernen europäischen Geschichte keine Parallele. Es gab weite Landstriche, in denen, wie aus den Unterlagen ersichtlicht, nach dem ersten Durchzug der Sowjets von der einheimischen Bevölkerung kaum noch ein Mensch – Mann, Frau oder Kind – am Leben war, und es ist einfach nicht glaubhaft, dass sie allesamt in den Westen entkommen wären. Die Wirtschaft der Gegend war total zerstört. Ich selbst flog kurz nach Potsdam* mit einer amerikanischen Maschine in ganz geringer Höhe über die gesamte Provinz, und es bot sich mir ein Anblick eines vollständig in Trümmern liegenden und verlassenen Gebiets: vom einen Ende bis zum anderen kaum ein Zeichen von Leben. ... (Die Russen hatten aus dem Land) die einheimische Bevölkerung in einer Manier hinausgefegt, die seit den Tagen der asiatischen Horden nicht mehr da gewesen ist."

(Quelle: George F. Kennan, Memoiren eines Diplomaten, S. 269)

* Potsdamer Konferenz vom 17. 7.–2. 8. 1945

Gesetz vom 8. Mai 1946 über die Rechtmäßigkeit von Handlungen, die mit dem Kampf um die Wiedergewinnung der Freiheit der Tschechen und Slowaken zusammenhängen.

Die vorläufige Nationalversammlung der Tschechoslowakischen Republik hat folgendes Gesetz beschlossen:

§ 1

Eine Handlung, die in der Zeit vom 30. September 1938 bis zum 28. Oktober 1945 vorgenommen wurde und deren Zweck es war, einen Beitrag zum Kampf um die Wiedergewinnung der Freiheit der Tschechen und Slowaken zu leisten, oder die eine gerechte Vergeltung für Taten der Okkupanten oder ihrer Helfershelfer zum Ziele hatte, ist auch dann nicht widerrechtlich, wenn sie sonst nach den geltenden Vorschriften strafbar gewesen wäre.

§ 2

(1) Ist jemand für eine solche Straftat bereits verurteilt worden, so ist nach den Vorschriften über die Wiederaufnahme des Strafverfahrens vorzugehen.

(2) Zuständig ist das Gericht, vor dem das Verfahren erster Instanz stattgefunden hat oder, falls ein solches Verfahren nicht stattgefunden hat, das Gericht, das jetzt in erster Instanz zuständig sein würde, wenn die Rechtwidrigkeit der Tat nicht nach § 1ausgeschlossen wäre.

(3) Trifft mit einer in § 1 genannten Tat eine Straftat zusammen, für die der Angeklagte durch dasselbe Urteil verurteilt wurde, so fällt das Gericht für diese andere Tat durch Urteil eine neue Strafe unter Berücksichtigung des bereits erfolgten Schuldspruches.

§ 3

Dieses Gesetz tritt mit dem Tage der Kundmachung in Kraft*; es wird vom Justizminister und vom Minister für nationale Verteidigung durchgeführt.

Dr. Beneš e. h.
Fierlinger e. h.
Dr. Drtina e. h. Gen. Svoboda e. h.

(Quelle: Bundesministerium für Vertriebene, Die Vertreibung der Deutschen aus Ost-Mitteleuropa, Bd. IV 1, S. 291)

* Veröffentlicht am 4. Juni 1946

Zustände in polnischen Lagern aus richterlicher Sicht

Auszug aus dem Urteil des Landgerichts Hannover vom 20. Dezember 1951 gegen einen deutschen KZ-Helfer (Aktenzeichen 2 KS 1/51 28 a 6/51):

„... Die Deutschen selbst waren im Lager getrennt nach Männern, Frauen und Kleinkindern, kinderlosen Frauen und Mädchen sowie Knaben im Alter bis etwa 15–16 Jahren untergebracht. Familien wurden rücksichtslos auseinandergerissen. Kamen die betreffenden Angehörigen dennoch einmal insgeheim zusammen und wurden sie dabei von der polnischen Miliz gefasst, dann gab es dafür entsetzliche Prügelstrafen bzw. die Todesstrafe. Vergewaltigungen der Frauen durch Polen waren an der Tagesordnung. Die meisten Polen waren überdies geschlechtskrank. An Verpflegung gab für die Deutschen täglich ½ Liter Wassersuppe, dazu morgens und abends 3 bis 4 alte, meistens faule, anfangs sogar ungekochte Kartoffeln und eine halbe Scheibe Brot ...

Andererseits spotteten die hygienischen und sanitären Verhältnisse im Lager aller Beschreibung, sodass eine große Läuseplage herrschte. Die Folge dieser Zustände war, dass viele Menschen am Flecktyphus verstarben. Zwar hatten die Polen den deutschen Lagerinsassen Dr. Esser, der von Beruf Arzt war, zum Lagerarzt gemacht. Jedoch hatten sie ihm keinerlei medizinischen Instrumente oder Medikamente zur Verfügung gestellt, ja sie hatten sogar die Medikamente, die Dr. Esser anfangs aus Abfallgruben und Trümmerhaufen mühsam zusammengesucht hatte, mit Füßen zertreten. ... Infolge dieser Zustände allein verstarben schon viele Leute. Andere wieder wurden planmäßig aus nichtigen Anlässen von den Polen erschossen oder erschlagen. Wieder andere dienten den polnischen Partisanen als lebende Zielscheiben und wurden von den Polen gewissermaßen aus Spielerei erschossen.

... Bei diesen Zuständen lag die Sterblichkeitsziffer im Lager sehr hoch. Die untere Grenze war im Allgemeinen bei etwa 10 Toten pro Tag, die obere Grenze bei etwa 30 Toten. Es gab allerdings auch Tage, wo die Polen darüber hinaus in ganz besonderer Weise gegen die Deutschen wüteten. Hierzu zählt einmal die erste Nacht, die der Angeklagte im Lager verbrachte. Er war mit einem Schub von etwa 60 bis 70 Leuten ... nach einem anstrengenden Fußmarsch gekommen. In der ersten Nacht veranstalteten Polen mit diesen halbverhungerten Menschen eine sogenannte ‚Nachtübung', wobei sie etwa die Hälfte der Menschen – und zwar solche, die nicht schnell genug ‚Auf – Nieder' machen konnten – erschlugen ..."

(Quelle: Heinz Esser, Die Hölle von Lamsdorf, S. 62 ff.)

Zustände in tschechischen Lagern aus jüdischer Sicht

H. G. Adler, als rassisch Verfolgter in der Nazizeit Insasse des Lagers Theresienstadt in Böhmen, Verfasser des 950-seitigen Standardwerks „Theresienstadt 1941–1945. Das Antlitz einer Zwangsgemeinschaft“, schreibt über das Ende des Krieges auf S. 218 seines Buches:

„Die Befreiung von Theresienstadt hat das Elend in diesem Ort nicht beendet. Nein, nicht allein für die ehemaligen Gefangenen, deren Leiden mit dem Wiedergewinn der äußeren Freiheit gewiss nicht abgeschlossen waren, sondern auch für neue Gefangene, deren Elend jetzt erst begann. In die ‚Kleine Festung‘ wurden Deutsche des Landes und reichsdeutsche Flüchtlinge eingeliefert. Bestimmt gab es unter ihnen welche, die sich während der Besatzungsjahre manches hatten zuschulden kommen lassen, aber die Mehrzahl, darunter viele Kinder und Halbwüchsige, wurden bloß eingesperrt, weil sie Deutsche waren. Nur weil sie Deutsche waren …? Der Satz klingt erschreckend bekannt; man hatte bloß das Wort ‚Juden‘ mit ‚Deutschen‘ vertauscht. Die Fetzen, in die man die Deutschen hüllte, waren mit Hakenkreuzen beschmiert. Die Menschen wurden elend ernährt, misshandelt, und es ist ihnen um nichts besser ergangen, als man es von deutschen Konzentrationslagern her gewohnt war. Der Unterschied bestand lediglich darin, dass der herzlosen Rache, die hier am Werke war, das von der SS zugrunde gelegte großzügige Vernichtungssystem fehlte. Das Lager stand in tschechischer Verwaltung, doch wurde von ihr nicht verhindert, dass Russen gefangene Frauen vergewaltigten. Zur Ehre der Theresienstädter Juden sei gesagt, dass sich an diesen Gefangenen, die zum Straßenkehren und anderen niedrigen Arbeiten, aber auch zur Pflege von Flecktyphuskranken in die Stadt kommandiert wurden, keiner der alten Gefangenen vergriff, obwohl Russen und Tschechen dazu aufforderten.“

Prag 1945: Deutsche werden gezwungen, ein Hakenkreuz zu tragen.

Aus dem Memorandum des sudetendeutschen Sozialdemokraten Wilhelm Nießner an die Prager Regierung

„Aus allen Teilen der Republik kommen auch noch heute mir, der ich wohl der älteste unter den früher im Vordergrund unserer Bewegung Gestandenen bin, Hilferufe der treuesten meiner Genossen zu, die mich wegen des bitteren Leidens, das aus ihnen spricht, in tiefster Seele erschüttern. In den verschiedenen Lagern befinden sich noch immer viele meiner Gesinnungsgenossen, sie haben nicht nur die Freiheit, sondern auch ihre Wohnung und ihr bisschen Eigentum verloren.

Sozialisten und Antifaschisten, darunter solche, die als langjährige Funktionäre der sozialistischen Parteien bekannt sind und von denen manche mit den Waffen in der Hand den nazistischen Banden im Jahre 1938 entgegengetreten sind, werden verhaftet, zusammen mit Faschisten aus ihren Wohnungen gejagt und, unbekannt wohin, abtransportiert. In der Ernährung sind die Antifaschisten mit den Faschisten auf dieselbe Stufe gestellt und beziehen die gekürzten Lebensmittelkarten, die sie zu einem Hungerdasein verurteilen. In vielen Orten müssen sie gleich den Faschisten das Erkennungszeichen ‚N' (Němec = Deutscher) tragen, das sie als diffamiert stigmatisiert.

Ein Dekret verordnet die Bildung antifaschistischer Ausschüsse, doch in manchen Orten ist jetzt nach Monaten damit noch kaum ein Anfang gemacht. In den Lagern bei den Abtransporten haben viele unserer Gesinnungsgenossen und Genossinnen ihr Leben eingebüßt ..."

(Quelle: Johann Wolfgang Brügel, Tschechen und Deutsche, Bd. 2, Anhang)

Albin Vorndran musste das aufgenähte ‚N' (für Nemec = Deutscher) tragen.

Tschechischer Erlass, Abbildung unten: „Kundmachung. Mit sofortiger Wirkung wird angeordnet, dass alle Personen deutscher Nationalität ab dem sechsten Lebensjahr folgende Kennzeichnung zu tragen haben: eine weiße Scheibe mit einem Durchmesser von 15 cm, darauf ein ‚N' aus schwarzem Leinen in der Stärke von 2 cm, dessen Rand 1 cm von der Umrisslinie des Kreises entfernt ist. Diese Kennzeichnung wird auf der linken Brustseite getragen. Deutsche, die in der NSDAP, in der SA, SS, NSV, NSF, NSKK, Hitlerjugend oder in anderen Gliederungen der Partei organisiert waren, müssen dieses Zeichen auch auf dem Rücken tragen (also zwei: eines auf der Brust, das zweite auf dem Rücken).

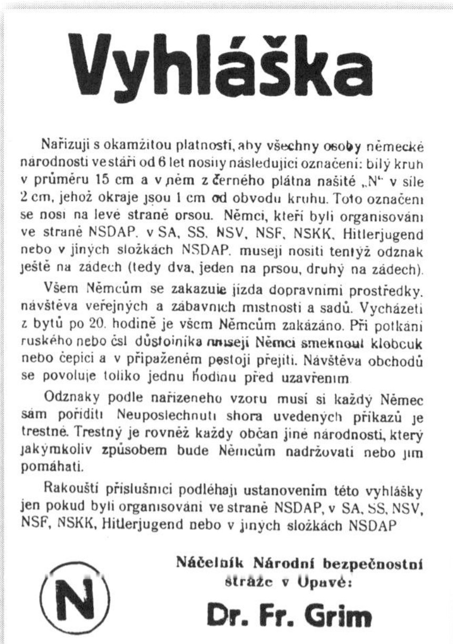

Vyhláška

Nařizuji s okamžitou platností, aby všechny osoby německé národnosti ve stáři od 6 let nosily následujici označeni: bilý kruh v průměru 15 cm a v něm z černého plátna našité „N" v síle 2 cm, jehož okraje jsou 1 cm od obvodu kruhu. Toto označeni se nosi na levé straně prsou. Němci, kteří byli organisováni ve straně NSDAP, v SA, SS, NSV, NSF, NSKK, Hitlerjugend nebo v jiných složkách NSDAP, museji nositi tentýž odznak ještě na zádech (tedy dva, jeden na prsou, druhý na zádech).

Všem Němcům se zakazuje jízda dopravnimi prostředky, návštěva veřejných a zábavnich mistnosti a sadů. Vycházeti z bytů po 20. hodině je všem Němcům zakázáno. Při potkáni ruského nebo čsl. důstojnika museji Němci smeknout klobouk nebo čepici a v připaženém postoji přejiti. Návštěva obchodů se povoluje toliko jednu hodinu před uzavřenim.

Odznaky podle nařizeného vzoru musi si každý Němec sám pořiditi. Neuposlechnuti shora uvedených přikazů je trestné. Trestný je rovněž každy občan jiné národnosti, který jakýmkoliv způsobem bude Němcům nadržovati nebo jim pomáhati.

Rakoušti přislušnici podléhaji ustanovenim této vyhlášky jen pokud byli organisováni ve straně NSDAP, v SA, SS, NSV, NSF, NSKK, Hitlerjugend nebo v jiných složkách NSDAP

(N)

Náčelník Národní bezpečnostní stráže v Opavě:

Dr. Fr. Grim

Allen Deutschen ist die Fahrt mit öffentlichen Verkehrsmitteln, der Besuch öffentlicher Lokale und Anlagen untersagt. Allen Deutschen ist es verboten, ab 20 Uhr ihre Wohnungen zu verlassen. Bei Begegnung eines russischen oder tschechoslowakischen Offiziers haben die Deutschen Hut oder Mütze abzunehmen und in entsprechendem Abstand vorbeizugehen. Der Einkauf in Geschäften ist eine Stunde vor der Sperre erlaubt.

Die Abzeichen laut angeordnetem Muster hat sich jeder Deutsche selbst anzuschaffen. Die Nichtbefolgung dieses Befehls ist strafbar. Strafbar macht sich ebenfalls jeder Bürger anderer Nationalität, der auf irgendeine Weise die Deutschen begünstigt oder ihnen hilft.

Die österreichischen Staatsangehörigen unterliegen diesen Bestimmungen der Kundmachung nur dann, wenn sie in der NSDAP, der SS, SA, NSV, NSF, NSKK, Hitlerjugend oder in einer anderen Gliederung der NSDAP organisiert waren.

Der Hauptmann des Nationalen Sicherheitsdienstes in Troppau: Dr. Fr. Grim"

Aufruf der bayerischen Bischöfe

an alle, welche die natürlichen, gottgegebenen Menschenrechte heilig halten wollen.

Die auf ihrer Frühjahrskonferenz versammelten bayerischen Bischöfe gedenken voll liebender und sorgender Teilnahme der zahllosen Menschen, die durch den Krieg und seine schrecklichen Folgen in einen Abgrund von Not und Leid gestürzt wurden. Es ist Pflicht der Menschlichkeit und vor allem heilige Christenpflicht, hier zu helfen, wo und soweit es nur immer möglich ist, auch wenn die Pflicht der helfenden und heilenden Liebe große Opfer verlangt. Ohne Liebe und ohne Opfer kann das zerstörte Menschenglück nicht wieder aufgebaut werden und ein wahrer Friede unter den Menschen nicht wiederkehren. Wir alle, die wir im Zeichen und im Geiste Christi, des Sohnes Gottes und Erlösers der Welt, wandeln, aber auch alle, welche die Menschenwürde und Menschenrechte heilig halten wollen, müssen uns bewusst sein, das *jeder Mensch ein unantastbares Recht hat auf sein Leben und auf alles, was zu Erhaltung einen menschenwürdigen Lebens und zur Erreichung des gottbestimmten Lebenszieles unbedingt notwendig ist. Jeder Mensch hat ein natürliches Recht auf die zur Erhaltung seines Lebens notwendige Nahrung, Kleidung und Wohnung.* An diesem Recht darf kein Mensch und keine Macht rütteln. Niemand darf dem Menschen das nehmen oder vorenthalten, was er zum Leben unbedingt braucht. Die Anerkennung und Achtung dieses Rechtes muss die Grundlage bilden für alle Verhandlungen, die den Frieden unter den Menschen und Völkern wieder herstellen wollen.

Wenn dieses gottgewollte, heilige und unverletzliche Recht auf unsere jetzige Lage angewendet wird, dann kann kein Zweifel sein, dass *den aus ihrer Heimat verstoßenen Menschen* wenigstens soviel Heimat zurückgegeben werden muss, als das Naturrecht verlangt. Jedem muss klar sein und ist es auch klar, dass ein um mehr als 1/5 verkleinertes, ohnehin überbevölkertes Deutschland nicht weiteren 13 Millionen Menschen Wohnung, Brot und Arbeit geben kann, zumal wenn die wirtschaftliche Basis immer mehr verkleinert und die zum wirtschaftlichen Leben unbedingt notwendigen Bodenschätze und Rohstoffe weggenommen werden. Das bedeutet nichts anderes als die Menschenrechte aufheben, die Möglichkeit zur Erhaltung des Lebens nehmen und Millionen Menschen zur Verelendung, zum Siechtum und Tod verurteilen. Das bedeutet einen Frevel gegen das heilige Gebot Gottes: Du sollst nicht töten! So werden die Grundlagen des menschlichen Einzellebens und Gemeinschaftslebens zerstört. Wir richten darum einen lauten, ernsten, bittenden und mahnenden Aufruf an alle rechtlich denkenden und vor allem an alle christlich gesinnten Menschen: Haltet die natürlichen und göttlichen Rechte der Menschen heilig, denn ohne sie seid ihr alle rechtlos, alle jenen ausgeliefert, welche die Macht haben, ihren Willen durchzusetzen, ganz gleich ob er dem Willen Gottes entspricht und mit der Menschenwürde in Einklang zu bringen ist oder nicht!

Die katholischen Bischöfe der Vereinigten Staaten Amerikas haben in dem Rundschreiben vom 17. November 1946 mit Recht betont: „Wir halten es für eine selbstverständliche Wahrheit, dass alle Menschen gleich geschaffen sind, dass sie vom Schöpfer mit gewissen unveräußerlichen Rechten ausgestattet wurden, wie mit dem Recht auf Leben, Freiheit und Streben nach Wohlstand. Daher ist unseres Erachtens die Hochachtung vor den Rechten und Pflichten des Menschen, als Einzelmensch und als Glied der häuslichen und bürgerlichen Gemeinschaft, die erste Pflicht jeder Regierung gegenüber ihren Bürgern. Der Staat fordert mit Recht von seinen Bürgern Mitarbeit am Gemeinwohl, aber das berechtigt ihn nicht zur Zwangsherrschaft mit Unterdrückung der persönlichen, politischen, sozialen und religiösen Grundrechte. Was jedoch eine Regierung beim Gebrauch ihrer eigenen Hoheitsrechte nicht tun darf, das darf sie auch nicht genehmigen oder gar in versteckter Form begünstigen, wenn es um eine andere Regierung sich handelt bei Abmachungen, die wie Friedensschluss und Friedensschutz die Nationen betreffen."

In Anwendung dieser Grundsätze auf das *Flüchtlingselend* sagen die Bischöfe Amerikas mit großem Ernst: „In Europa ist etwas geschehen, was die Geschichte noch nicht kannte. Auf Grund eines Abkommens zwischen den Siegerstaaten wurden Millionen von deutschen Menschen, die seit Jahrhunderten in Osteuropa ansässig waren, von ihrer Heimatscholle vertrieben und mittellos ins Herz Deutschlands gestoßen. Die Leiden dieser Menschen auf ihren harten Wanderwegen, ihre Heimatlosigkeit und Hoffnungslosigkeit erzählen uns eine traurige Geschichte von der *Unmenschlichkeit solcher Vertreibung …*"

Freising, 22. April 1947.

Die Erzbischöfe und Bischöfe der bayerischen Kirchenprovinzen:

Michael Kardinal *Faulhaber*, Erzbischof von München und Freising,
Josef Otto, Erzbischof von Bamberg,
Matthias, Bischof von Würzburg,
Michael, Bischof von Regensburg,
Josef, Bischof von Augsburg,
Michael, Bischof von Eichstätt,
Simon Konrad, Bischof von Passau,
Josef, Bischof von Speyer.

(Quelle: Franz Lorenz [Hg.], Schicksal Vertreibung, Aufbruch aus dem Glauben, S. 115 f.)

Gefangenenmorde in Jugoslawien

(Augenzeugenberichte)

Gerhard Volkert, der beim Stab des XV. Geb. A. K. zeitweise als 1. Ordonnanzoffizier mit der Abfassung und Auswertung der Tagesmeldungen beauftragt war, bemerkte in seiner Eidesstattlichen Erklärung vom 16. September 1947, „dass häufig Lazarette und Lazarettzüge angegriffen, auf Sanitätskraftwagen geschossen, gefallene und schwerverletzte deutsche Soldaten, wie auch Kroaten, ihrer Uniform und persönlichen Gegenständen beraubt und durch Abschneiden der Ohren, Nasen, Finger oder der Geschlechtsteile, … verstümmelt (wurden)“.

In der gleichen Erklärung belegt Volkert diese Behauptung durch die Schilderung eines Einzelfalles:

„Frühjahr 1943 wurde ein Lastkraftwagen eines Luftwaffenstabes bei Lučko (bei Agram) von einer Bande angegriffen, zerstört und seine Besatzung getötet. Wenig später hatte ich Gelegenheit, den Tatort zu besichtigen. Neben dem zerstörten und ausgeplünderten Lastkraftwagen lagen die Leichen dreier deutscher Soldaten, die ihrer Uniform und Ausrüstungsgegenständen beraubt waren. Zwei Leichen wiesen Stiche und Verstümmelungen im Gesicht auf, bei einem war die Nase halb abgeschnitten, ein Ohr völlig vom Kopf getrennt, bei dem zweiten waren die Augen ausgestochen, dem dritten fehlte der Ringfinger, offenbar weil er einen Ring trug, der sich nicht lösen lassen wollte, außerdem waren ihm die Geschlechtsteile abgeschnitten.“

Die Feststellungen des Volkert stimmen wiederum überein mit den Feststellungen, die der ehemalige Oberleutnant und Kompanieführer im Jäger-Regiment 721, Adolf Schmitzhübsch, getroffen hat. Schmitzhübsch berichtet in seiner Eidesstattlichen Erklärung vom 22. 9. 1947:

„Im Gefolge unserer Division befand sich ständig eine große Zahl waffenfähiger Zivilisten, die Zwangsrekrutierung befürchteten, die von den Partisanen immer durchgeführt wurde. Die Bevölkerung, die immer wieder um Hilfe bat, sprach von Bedrohungen und schärfsten Repressalien. Die Bauern wurden gehindert, ihre Lebensmittel in die Städte abzuliefern und die Felder konnten zum größten Teil nicht bestellt werden. Eisenbahner und sonstige Staatsangestellte schwebten ständig in Gefahr, wegen Ausübung ihres Dienstes erfolgt zu werden. Einen Einblick in die unmenschliche Kampfesweise der Banden konnte ich während meiner vorübergehenden Funktion als Begräbnisoffizier des Regimentes gewinnen. Als solcher habe ich mindestens 30 Leichen deutscher Soldaten gesehen, die augenscheinlich vor ihrer Ermordung auf das Greulichste verstümmelt worden waren (abgeschnittene Ohren, ausgestochene Augen, Tötung durch langsames Verbrennen, lebendiges Begraben, Einrammen von angespitzten Pfählen in Unterleib und After usw.). Beraubt wurde jeder gefangene und gefallene deutsche Soldat. Das Rote Kreuz wurde von den Banditen nicht geachtet, ich selbst habe Überfälle auf Sanitätskraftwagen, Verbandplätze und Verwundetentransportflugzeuge erlebt."

(Quelle: Maschke [Hg.], Die deutschen Kriegsgefangenen in Jugoslawien 1941–1949, Bd. I 1 der Kriegsgefangenengeschichte, S. 72 f.)

4 | POLITIK — KLEINE ZEITUNG MONTAG, 13. AUGUST 2007 — POLITIK | 5

Titos Partisanen: Mörder auch noch in der Nachkriegszeit

Der Wald von Dobrava im Süden von Marburg: Hier begrub... tausende Opfer von Titos Partisanen begraben, darunter auch ehemalige Untersteirer

Auch Untersteirer in Titos Massengrab

In einem Wald bei Marburg wurde ein Massengrab entdeckt. Historiker vermuten, dass dort bis zu 40.000 Partisanenopfer verscharrt sind. Darunter auch Untersteirer.

ALEXANDER ORSSICH, MARBURG

Reisende auf der Straße von Marburg nach Ptuj können nicht ahnen, dass es unter dem Friedhof Dobrava, nur wenige Meter von der Fahrbahn entfernt, noch einen Friedhof gibt: eine Massenbegräbnisstätte, in der tausende Leichen liegen. Es sind Kroaten, Deutsche, aber auch die längst verrotteten Überreste von slowenischen Nazi-Kollaborateuren, die hier im Mai 1945 von Titos Partisanen ermordet worden sind.

Es ist ein Sommertag wie jeder andere. Nur wenige Meter von der Straße im Gemeindegebiet von Dobrava entfernt, zeigt eine Tafel mit drei Kreuzen, dass hier die slowenische „Kommission für verschwiegene und versteckte Gräber" nach den hier verscharrten Opfern aus den ersten Nachkriegstagen 1945 gräbt.

Der Ausgrabungsleiter Mitja Ferenc, Professor für Geschichte an der Philosophischen Fakultät in Laibach, schildert: „Der Panzergraben in Dobrava war von den Deutschen ausgehoben worden und hier haben nach dem Kriegsende von 1945 die Partisanen ihre Exekutionen durchgeführt. Auf einer Länge von 74 Metern haben wir 1999 rund 1200 Skelette ausgegraben. Heuer haben wir weiter in einer Länge von 970 Metern sondiert und gesucht. Und tragischerweise sind wir erneut fündig geworden. Wir vermuten, dass hier 20.000 oder sogar bis zu 40.000 Menschen umgebracht und verscharrt worden sind."

MASSENMORD

Im Mai 1945 war Slowenien das Epizentrum eines Massenmordes, den es in der Nachkriegszeit in Europa in dieser Heftigkeit nirgendwo sonst gegeben hat. Hunderttausende Menschen, oft ganze Familien, waren von Titos Partisanen ausgelöscht worden.

Morde im Panzergraben

Die meisten Opfer seien gefangen genommene Kroaten gewesen, aber es gab auch Montenegriner, Slowenen und Serben, die mit den Deutschen kollaboriert hätten.

Hingemordet wurden aber auch zahlreiche untersteirische Mitglieder des NS-nahen „Kulturbundes", wie auch ganz gewöhnliche Mitglieder der deutschen Minderheit in Slowenien. Sie waren im Partisanenlager Kidricevo (Sterntal) bei Ptuj interniert und sind im Mai 1945 ebenfalls von Titos Partisanen nach Dobrava transportiert und dort getötet worden.

Mitja Ferenc, Historiker an der Uni Laibach

Joze Dezman, der Leiter der slowenischen Regierungskommission für Exhumierungen – siehe Interview nebenan – klagt über Schwierigkeiten, die ihn bei den Ausgrabungen begleiten. „Dobrava, der Friedhof unter dem Friedhof, erhitzt im heutigen EU-Staat Slowenien noch immer die Gemüter." Titos Jugoslawien sei nämlich in der Weltöffentlichkeit als „liberal" eingestuft worden, wodurch jede Forschung, die sich mit Opfern des Tito-Regimes auseinandergesetzt hat, von vornherein auf taube Ohren gestoßen sei, betont Dezman.

Ein Radfahrer kommt uns entgegen. Bei ihm erkundigen wir uns nach der Stelle, wo die Exekutionen ihren Anfang genommen haben. Zunächst schaut er uns etwas verdutzt an. Er will gleich weiterfahren, aber dann dreht er sich doch um und sagt: „Kommen Sie mit, ich zeige Ihnen den Panzergraben, wo die Massenexekutionen begannen." Wir laufen durch einen dichten Wald und plötzlich, bei einer Lichtung, erblicken wir ein vor kurzem aufgestelltes Mahnmal. Es gibt schon Blumenschmuck, auch ein paar Kerzen. Zwei einheimische Buben tauchen auf, sie schieben Fahrräder vor sich her. „Wir sind auch auf der Suche nach der Stelle, wo die Morde verübt wurden", sagen sie.

Zynische Gegenfrage

Unser Waldführer verschweigt uns seinen Namen. „Wissen Sie, in der KP-Ära war das hier alles ein militärisches Sperrgebiet. Ich wohne seit vierzig Jahren in der unmittelbaren Nähe, aber ich konnte mich nie frei bewegen. Sobald ich mich dem Wald näherte, wurde ich von einem Soldaten mit barscher Stimme aufgefordert, sofort umzukehren."

Wie sehr die Massenexekutionen von Marburg die Gemüter erhitzen, merken wir, als wir uns auf dem Friedhof von Dobrava bei einem Mann nach dem Mahnmal für die Verbrechen der Partisanen erkundigen. Der beißende Unterton in seiner Stimme ist nicht zu überhören, als er uns die zynische Frage stellt: „Seit wann ist es ein Verbrechen, die Verbrecher zu töten?"

INTERVIEW

Joze Dezman, Leiter der Laibacher Kommission für Exhumierungen

Epizentrum des Massenmordes

Was geschah im Wald von Dobrava?

JOZE DEZMAN: Hier sind gefangen genommene kroatische Soldaten aber auch Nazi-Kollaborateure anderer Nationalitäten exekutiert worden. Es waren aber nicht nur Soldaten. Die Funde von Krücken bedeuten, dass sich auch Verwundete und Kranke unter den Opfern befunden haben. Normalerweise können wir Morde rekonstruieren, aber hier in Dobrava ist es besonders schwierig. In manchen Massengräbern gibt es zwar Anhaltspunkte – wir fanden Uniformknöpfe oder sogar Ausweise – oft stellten wir aber fest, dass sich die Opfer vor der Exekution nackt ausziehen mussten.

Es gibt auch Proteststimmen in Slowenien, die sich gegen die Exhumierungen wenden.

DEZMAN: Natürlich gibt es Gegner unserer Arbeit. Sie schreien immer dann auf, wenn wir Details der Exhumierungen veröffentlichen. Sie wollen auch heute noch, dass – wie einst in Nachkriegsjugoslawien – die Verwandten der Opfer schweigen.

Will sich die slowenische Öffentlichkeit noch immer nicht mit der Wahrheit konfrontieren?

DEZMAN: Slowenien war in den Nachkriegsmonaten 1945 das Epizentrum eines Massenmordes, dessen Heftigkeit in ganz Europa seinesgleichen sucht. Es wird fälschlicherweise das furchtbare Verbrechen von Srebrenica, wo über 8000 Moslems von den serbischen Truppen umgebracht wurden, als der erste Völkermord nach dem Zweiten Weltkrieg bezeichnet. In Wirklichkeit haben wir in Slowenien acht bis zehn Srebrenicas.

Einer der aktuellen Berichte über die „Killing Fields" in Slowenien: Am 13. August 2007 berichtete die Grazer „Kleine Zeitung" unter der Überschrift „Auch Untersteirer in Titos Massengrab" über die Massenmorde der Tito-Partisanen im Wald von Dobrava bei Marburg (Maribor). Hier wurden im Mai 1945 tausende Volksdeutsche aus Jugoslawien, kroatische Ustascha, slowenische Domobranzen, königstreue Serben u. a. ermordet. Erst seit der Wende 1990 werden, wenn auch zögerlich, in Slowenien in größerem Rahmen Exhumierungen der Opfer des Terrors der Tito-Partisanen vorgenommen. Den Vergleich mit den „Killing Fields" in Kambodscha zog im Übrigen Joze Dezman, der Leiter der slowenischen Historikerkommission.

„Hudajama“, das Tor zur Hölle, wird der verlassene „Barbarastollen“ bei Tüffer (heute: Lasko) nahe Cilli im Volksmund genannt. In dieser Massenliquidierungsstätte fanden Teile der deutschen Bevölkerung Cillis und tausende Kroaten und Antikommunisten im Jugoslawien der Nachkriegszeit den gewaltsamen Tod. Nach Abschluß der systematischen Ermordungen wurde der Stollen gesprengt und blieb bis heute verschlossen.

Todesmärsche der Jugoslawien-Gefangenen

(Augenzeugenbericht)

... Am 10. Mai stand die „Marschgruppe Arndt" etwa von 9 Uhr an „entrümpelt" in langer Reihe vor dem Lager Cilli. Sie trat den Marsch durch das Tal der Sawe flussabwärts an. Sie hatte eine besonders schießwütige Postengruppe am Schluss. Den ganzen Tag hasteten Ermattete nach vorn, weil ihnen die Schluss-Schüsse Angst und Entsetzen eingeflößt hatten. Mit der Marschgruppe zog die gleiche Straße eine große Train-Kolonne der Tito-Armee. Diese hatte sich ein besonderes Vergnügen ausgesonnen. Sie jagten in staubaufwirbelndem Galopp durch die ganze Marschgruppe bis wenige hundert Meter davor, dann verhielten sie, bis sich die Marschgruppe hindurchschlängelte, um danach erneut vorzujagen.

Stundenlang wurde marschiert. Gewiss, der Kommissar legte zuweilen eine Rast ein. Aber die immer mehr verängstigten und vertierenden Menschen zerstörten sich jede Möglichkeit des Ausruhens. Es war sicherlich ein Vorteil, wenn man an der Spitze des Zuges ging. Da wurden mit dem Kommissar Marschtempo und Pausen ausgemacht, da waren die Posten geduldiger, da waren die Quellen nicht so stark umlagert. Also wollten viele gerne vorne sein. Wurde jetzt von vorne eine Rast eingelegt, dann gehorchte etwa die erste Hälfte des Zuges. Die andere Hälfte aber drängte geschlossen an den Haltenden vorbei, um nach vorne zu kommen. Hinter den letzten aber schritten die Schlussposten. Sie blieben hinter ihrer seitherigen Schlussrotte, folglich trieben sie schreiend, prügelnd und schießend die Lagernden wieder hoch und jeder Rastversuch wurde so sabotiert. Vernünftige postierten sich zuweilen am Straßenrand, um ein allgemeines Halten zu erzwingen. Es war aussichtslos. Die letzten in ihrer Angst und Schwäche verdarben allen jedes Mal die Rast.

Durch Train- und LKW-Kolonnen wurde die Marschgruppe Arndt am Abend des 19. Mai stark auseinandergezogen. Es war in der Gegend des eindrucksvollen Ortes Steinbrück, der in der halben Zerstörtheit durch schwere, jüngst vorangegangene Fliegerangriffe wie eine Ruine des Schlachtfeldes aus der Götterdämmerung aussah. Am Straßenrand lungerten Halbwüchsige und Partisanen herum. Ein oder zwei Bewaffnete packten sich diesen oder jenen Deutschen und beraubten ihn. Uhren, Ringe, Brillen, Schuhe, Waffenstöcke, Taschen und Tornister, alles war begehrt. Was die Straßenräuber enttäuschte, wurde vernichtet. So wurden Brillen zertreten, Kompassgeräte zerschlagen, Medikamente und Verbandszeug zugrunde gerichtet. Die Marschgruppe hastete in wilder Verzweiflung vorwärts. Offensichtlich machten die Posten mit den Plünderern gemeinsame Sache, sie blieben während der ganzen Strecke durch den Ort unsichtbar. Es ging auch ohne sie weiter, weil jeder wieder aufs freie Feld wollte. Um die Menschen noch weiter einzuschüchtern, trieb eine Gruppe von Partisanen durch die ganze Enge unter fürchterlichen Kolbenhieben eine aneinandergefesselte Kette von etwa dreißig prawoslawischen Bauern, d. h. den langhaarigen königstreuen „Četnici" des Generals Mihailović, hindurch. Die hageren Gesichter dieser Männer waren verzerrt zu Masken der verkörperten Todesangst. Es schoss überall, schlimmer als in manchem Gefecht. Von Angst überflügelt hetzten die Männer voran. Plötzlich im freien Feld waren auch wieder Posten da, ordneten die Gruppe und trieben sie mit lautem „Haijob!" schneller dahin. Unverkennbarer Kadavergeruch begleitete die Kolonne. Gefallene Menschen und tote Pferde verwesten am Straßenrand, der nun schon seit zwei Wochen dem ärgsten Elend der Kreatur zusah ...

Noch in der Nacht zum 22. Mai wurde die Marschgruppe Arndt auf Weidekoppeln des nur wenige Kilometer entfernten Staatsgutes bei Dugo Selo vorgezogen. Da hockten sich die geschundenen Menschen ins dichte, taufeuchte Gras. Sehr viele litten unter argen Durchfällen oder hatten bereits die Ruhr. So besetzten die Gequälten auf den latrinenlosen Koppeln hart an die Lagernden heran den Rand. Sie hockten lange und immer wieder da, zuweilen von den Posten aufgescheucht. Die Koppeln hatten Viehtränken, die nun ständig umlagert waren. Hier lag die Marschgruppe bis zum Nachmittag des 22. Mai. Hier gab es am Mittag je Mann einen knappen Viertelliter gekochtes Wasser mit jeweils einer schmalen Scheibe von einer gekochten Kartoffel darin. Die Prozedur der Ausgabe dieser ersten Mahlzeit in jugoslawischer Regie seit der Kapitulation dauerte drei Stunden. Aber dafür erhielt fast jeder etwas. Man schrieb Pfingstdienstag, den 22. Mai. Die Deutschen hatten am 9. Mai kapituliert.

Gegen 16 Uhr entstand wieder Leben auf der Koppel. Eine neue Postenkette ließ antreten. Heißer Wind trieb in heftigen Stößen dichte Staubwolken vor sich her und den Abrückenden ins Gesicht. Das machte den Durst noch quälender. Da auf der Koppel alle Voraussetzungen zur Einrichtung eines Reviers gefehlt hatten, war von den Ärzten auch den Fieberkranken geraten worden, mitzumarschieren. Die neue Posten sorgten von Anfang an für eine bis dahin ungewohnte, verschärfte Marschzucht. Zu acht in jede Reihe, die Reihen dicht aufgeschlossen, so wurde mit groben Stockhieben ein militärischer Marschtritt erzwungen. Da die Straße aber nicht überall der acht Mann tiefen Rotte das

Passieren erlaubte, so stockte öfters für den rückwärtigen Teil der breiten Reihen der Schritt. Die Ersten mussten im alten Tempo voran, folglich waren alle anderen nach Überwindung der Stockung gezwungen, im Laufschritt aufzuholen. Wohlgemerkt, viele waren krank, alle waren matt, ausgehungert und durstig; viele liefen barfuss. Die Schwachen gingen am Schlussteil des Zuges und ihnen blühte nun immer von neuem der Wechsel zwischen Dauerlauf und Warten, und auf sie krachten die meisten Hiebe. Fast alle Posten hatten etwa mannshohe Stöcke zum Schlagen. In den Dörfern, durch die der Weg führte, machten sich die Partisanen ein Sondervergnügen: sie ließen die ganze Marschgruppe im Laufschritt durchhetzen. Es waren kroatische Dörfer, deren Einwohner anders als in Slowenien oder Serbien den Deutschen wohlgesinnt waren. Sie standen eingeschüchtert an den Hofzäunen, die Frauen, die ihre zu Ustaša gepressten Angehörigen dem gleichen Los überantwortet wussten, weinten oft angesichts dieses schaurigen Sühnespiels. Sie versuchten zuweilen Wasser auszuteilen, doch duldeten Kommissar und Posten es nicht ...

(Quelle: Maschke [Hg.], Die deutschen Kriegsgefangenen in Jugoslawien 1941–1949, Bd. I 1 der Kriegsgefangenengeschichte, S. 115 ff.)

Bundeskanzler Adenauer zum Schicksal der Kriegsgefangenen in Jugoslawien

(Bundestagsdebatte vom 27. Januar 1950)

„Besonders erschütternd sind die neuesten Nachrichten über das Schicksal der Kriegsgefangenen, die in Jugoslawien unter dem Vorwand von Untersuchungen über Kriegsverbrechen zurückgehalten worden sind. Diese Gefangenen sind bis zum Dezember 1949 in einem besonderen Lager interniert gewesen. Wie aus einwandfreien Berichten hervorgeht, erfolgten Voruntersuchungen und Verhandlungen gegen diese Deutschen ohne Beachtung auch nur der elementarsten Rechtsgrundsätze. Es fanden Verhöre unter verschärften Bedingungen, verbunden mit Schlägen, Folterungen, Einzelhaft und Nahrungsentzug statt. Von Gewährung irgendeines Rechtsschutzes kann keine Rede sein. Nach den neuesten, der Bundesregierung vorliegenden Nachrichten wurde die große Mehrheit der Gefangenen im Dezember vorigen Jahres in das Staatsgefängnis Mitrowitz übergeführt. Es besteht aber Grund zu der Annahme, dass fast alle deutschen Gefangenen inzwischen im Schnellverfahren zu hohen Freiheitsstrafen verurteilt worden sind, wenn nicht in vielen Fällen sogar die Todesstrafe ausgesprochen worden ist ...

Als Sofortmaßnahme wurde die Alliierte Hohe Kommission gebeten, die Aufschiebung der Vollstreckung etwa ergangener Todesurteile und die Aushändigung einer Namensliste sämtlicher Verurteilter mit den erkannten Strafen und der Untersuchungsgefangenen mit Angabe der Anklagepunkte zu erwirken. Auf die besondere Eilbedürftigkeit der erbeteten Schritte ist die Alliierte Hohe Kommission ausdrücklich hingewiesen worden. Im Übrigen ist der jugoslawischen Regierung auch auf anderem Wege das dringende Verlangen der Bundesregierung nach Freilassung dieser Kriegsgefangenen unterbreitet worden. Sie werden verstehen, meine Damen und Herren, dass diese Vorgänge uns nicht zum Abschluss eines Handelsvertrages mit Jugoslawien ermutigen.

Lassen Sie mich weiter ein Wort an die gesamte Weltöffentlichkeit richten. Hier handelt es sich um solche Vergehen und Verbrechen gegen die Menschlichkeit, dass die gesamte Offentlichkeit auf der ganzen Welt sich dagegen empören muss."

(Quelle: Maschke [Hg.], Die deutschen Kriegsgefangenen in Jugoslawien 1949 bis 1953, Bd. I 2 der Kriegsgefangenengeschichte, S. 13)

Note des Internationalen Komitees vom Roten Kreuz (IKRK) zur Behandlung der Kriegsgefangenen in Frankreich

„Besonders die Frage der Minenräumung gab dem IKRK Anlass, bei den französischen Behörden zu intervenieren. Die Beseitigung von Minen und anderem Explosivmaterial während der Dauer der Feindseligkeiten ist nach Artikel 31 verboten. Auch nach deren Beendigung bleibt die Minenräumung laut Artikel 32 verboten. Wie dem auch sei, nach der Kapitulation der deutsch-italienischen Truppen in Nordafrika im März 1943 beschloss man, die Gefangenen zur Minenräumung einzusetzen. Auf eine als berechtigt anerkannte Beschwerde des deutschen Vertrauensmannes des Lagers XVI in Tunis hin intervenierte der Delegierte des IKRK in Algier bei den zuständigen Behörden. Er berief sich nicht nur auf den Artikel 32 der Konvention, sondern auf Artikel 82, der den kriegführenden Staaten untersagt, sich mit Hilfe von Einzelabkommen den Verpflichtungen durch die genannte Konvention zu entziehen. Seine juristische Argumentation wurde nicht akzeptiert; er erreichte jedoch zumindest, dass in Zukunft nur Soldaten von Pioniereinheiten mit der Minenräumung beauftragt werden sollten.

Das Problem tauchte Anfang 1945 verschärft wieder in Frankreich auf. Die Presse nahm sich seiner an und schrieb, dass die Aufgabe der Minenbeseitigung denen zukäme, die sie gelegt hätten. Das IKRK vermied es, getreu seiner rein humanitären Aufgabe, zu polemisieren oder eine rein juristische These über die Anwendung der Verträge zu verfechten. Es wies die französische Verwaltung auf die Gefahren hin,

Von französischen Partisanen misshandelte deutsche Soldaten

die eine durch Nicht-Spezialisten ausgeführte Minenräumung mit sich brächte. Der Kriegsminister selbst schätzte im September 1945 die Zahl der zu beseitigenden Minen auf etwa 10 Millionen. Unter den deutschen Kriegsgefangenen, die mit diesen Arbeiten beschäftigt waren, gab es jeden Monat 2.000 bei tödlichen Unfällen ums Leben gekommene Opfer. Dies entspricht dem Verhältnis: ein Todesfall auf 5.000 Minen. Man konnte leicht daraus schließen, dass eine unter diesen Umständen durchgeführte Minenräumung das Leben von 20.000 Gefangenen kosten würde. Das IKRK bestand auf der Notwendigkeit von Vorsichtsmaßnahmen und zählte diese auf. Dann beauftragte es seine Delegierten, vor allem auf deren Durchführung zu achten. Bei Einhaltung der Maßnahmen verringerte sich die Unfallrate jedes Mal, bis sie beinahe bei Null lag."

(Quelle: Maschke [Hg.], Die deutschen Kriegsgefangenen in französischer Hand, Bd. XIII der Kriegsgefangenengeschichte, S. 173)

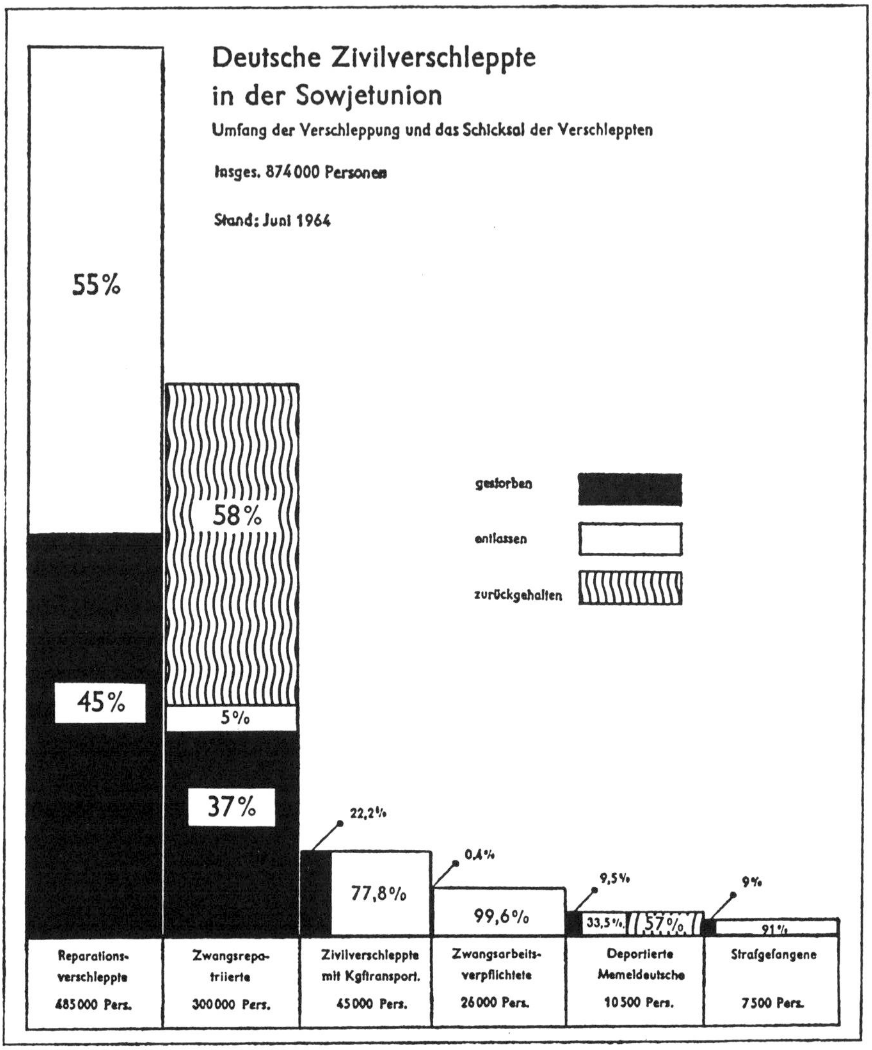

(Quelle: Kurt W. Böhme, Gesucht wird … Die dramatische Geschichte des Suchdienstes, S. 275)

Ordensschwestern bei der Zwangsarbeit

Einer der wenigen Briefe von Verschleppten, der im Westen ankam, ist der folgende einer Vinzentinerin:

„Meine lieben Eltern! Nun gibt sich doch eine Gelegenheit, Euch ein Lebenszeichen zu schicken. Aber ob mein Briefchen ankommt? Ob Ihr mich schon gestorben glaubtet? ... Es ist so furchtbar, was wir etwa 1.500 Schwestern durchmachen. Wir werden wie Tiere behandelt, mit Schlägen zur Arbeit und von ihr zurückgetrieben. Wir gelten weniger als Tiere, denn auf uns wird gar keine Rücksicht genommen, ob wir zusammenbrechen und tot liegen bleiben oder ob uns eine Wache zu Tode prügelt, ist ganz gleichgültig. Wortlos, mit mutlosem Herzen, fast stumm, wanken wir zur Arbeit. Und wenn die Arbeit nicht rasch genug vorangeht oder die Wache schlecht gelaunt ist, dann saust die Peitsche auf uns. Erst hatten wir an einer großen Brücke über den Dnjepr gearbeitet, schwerste Männerarbeit. Eisenbalken tragen und schieben, hoch über dem breiten Fluss. Wer zusammensank, bekam die Peitsche, wer liegen blieb, den stieß der Wärter hinunter in den Fluss. Den ganzen Tag schwerste Arbeit bei ganz trauriger Ernährung, nur etwas schlechtes Brot und eine dünne Suppe. Viele erliegen den Anstrengungen, und wir beneiden sie um den Tod. Gegenwärtig arbeiten wir in einem Bergwerk, den ganzen Tag unter der Erde, in schlechter Luft. Viele starben ...“

(Quelle: Father E. J. Reichenberger, Ostdeutsche Passion, S. 276)

Sowjetische Gewalttaten in Mitteldeutschland

(Aus dem Bericht eines amerikanischen Armeegeistlichen, der im deutschen Gefangenenlager Neubrandenburg interniert gewesen war)

Am 28. April, um Mitternacht, begannen die russischen Tanks in die Stadt zu rollen ... Der deutsche Kommandant hatte sich erschossen, und die deutsche Garnison leistete keine Gegenwehr. Die russische Infanterie, die zu je fünfzehn oder zwanzig Mann auf den Tanks saß, machte den Eindruck von Wilden und schoss mit ihren Gewehren und Maschinenpistolen nach allen Seiten. Die meisten Infanteristen hatten asiatische Gesichter. Binnen einer Stunde war Neubrandenburg ein Meer von Flammen, das im Laufe der Nacht höher und höher hinaufschlug. Die Stadt brannte den ganzen folgenden Tag lang, und es blieb kaum ein Haus, das nicht bis auf den Grund ausbrannte. Die Hitze, welche die brennende Stadt ausströmte, war sengend, und das Lager war taghell erleuchtet.

Wir hielten uns im Lager zurück, während Franzosen, Italiener und Serben zum Plündern in die Stadt zogen. Die russischen Gefangenen waren merkwürdigerweise die Einzigen unter uns, die nicht glücklich über ihre Befreiung schienen. ...

Ein alter französischer Pfarrer, der als Gefangener unter uns war, bat mich am Nachmittag, mit ihm in die Stadt zu gehen. Er wollte sehen, wie es den deutschen Geistlichen und den Deutschen, die nicht hatten fliehen können, erging ... Obwohl wir aufs Schlimmste gefasst waren, erschütterte uns das, was wir sahen, in einem Maße, das mit Worten nicht zu fassen ist. Wenige Meter von unserem Lager entfernt, im Wald, stießen wir schon auf einen Anblick, den ich bis an das Ende meiner Tage nicht vergessen werde. Mehrere deutsche Mädchen waren hier geschändet und dann getötet worden. Einige hatten man an den Füßen aufgehängt und ihre Leiber aufgeschlitzt. Kameraden hatten mir vorher schon Ähnliches berichtet, aber ich hatte es nicht glauben wollen. Wir hielten an und sprachen einige Gebete.

Als wir dort ankamen, wo ein paar Tage vorher noch die schöne kleine Stadt Neubrandenburg gestanden hatte, war mir, als blickte ich auf das Ende der Welt und auf das Jüngste Gericht. ...

Schließlich kamen wir zu einem deutschen Pfarrhaus und gingen hinein. Das Haus war zum Teil vom Feuer zerstört und an vielen Stellen zusammengefallen. Die beiden Schwestern des Pfarrers saßen auf den kahlen Treppenstufen. Der Pfarrer selbst und sein Vater hockten daneben, und ihre fahlen Gesichter verrieten die äußerste Erschütterung, die Menschen überfallen kann. Drei Frauen kauerten auf einem Sofa. Eine der Schwestern sprach mit dem französischen Priester und sagte ihm, dass eine Horde Russen die drei Frauen geschändet und den Pfarrer und seinen Vater gezwungen hätte, dabei zuzusehen. Der französische Priester fragte sie, ob er irgendetwas für sie tun könnte. Aber sie schüttelten den Kopf voller Hoffnungslosigkeit. Und ich sah, dass sie nahe daran waren, den Verstand zu verlieren.

(Quelle: Jürgen Thorwald, Die große Flucht, S. 359 ff.)

KZ Buchenwald nach 1945

(Aus der Ansprache des Präsidenten des Bundesgerichtshofes, Dr. h. c. Weinkauff, am 24. Oktober 1957, bei der Enthüllung einer Gedenktafel für Mitglieder des Reichsgerichts und der Reichsanwaltschaft im Gebäude des Bundesgerichtshofs)

„Nach dem Zusammenbruch des Jahres 1945 wurde Leipzig, der Sitz des Reichsgerichts und der Reichsanwaltschaft am Reichsgericht, zunächst von amerikanischen Truppen besetzt. Diese zogen nach etwa zwei Monaten wieder ab, und russische Truppen rückten ein. Einige Wochen danach wurden schlagartig an einem Tage etwa 35 Mitglieder des Reichsgerichts und der Reichsanwaltschaft von der russischen Geheimpolizei verhaftet und zunächst in die Gefängnisse, später in das Lager Mühlberg an der Elbe gebracht. Bei den Verhafteten wurde gewöhnlich auch das ganze in der Wohnung befindliche Geld weggenommen. Später folgten noch einige Verhaftungen, sodass schließlich 38 oder 39 Mitglieder des Reichsgerichts und der Reichsanwaltschaft im Lager Mühlberg saßen. Das Schicksal des 39. Mitgliedes ist unklar geblieben.

Die Auswahl, die man bei den Verhaftungen getroffen hatte, war für jeden Kenner der Verhältnisse völlig rätselhaft und unter keinem irgendwie denkbaren Gesichtspunkt zu begreifen. Unter den Verhafteten befanden sich beispielsweise die meisten der Nicht-Parteigenossen am Reichsgericht und verschiedene bekannte leidenschaftliche Gegner des nationalsozialistischen Regimes. Es scheint, wie sich später herausstellte, folgendermaßen zugegangen zu sein: Man hatte einen schon früher verhafteten Richter nach seinen Bekannten am Reichsgericht gefragt und danach einfach die Verhaftungsliste zusammengestellt. Es waltete also der blindeste Zufall.

Von den 38 Verhafteten starben 34 in der Gefangenschaft, und zwar ganz überwiegend schon im ersten oder im zweiten Jahre. Einige wenige kamen später in das Lager Buchenwald und wurden dann bis auf einen in den berüchtigten Waldheimer Prozessen unter nichtigen Vorwanden zu durchschnittlich 25 Jahren Zuchthaus verurteilt und später nach etwa einem Jahrzehnt im „Gnadenweg“ entlassen. Wenn ich recht unterrichtet bin, starb einer der Entlassenen auf besonders tragische Weise noch auf der Rückfahrt in seine Heimat. Von den 38 Verhafteten haben also nur drei die mörderische Haft überlebt. Zwei von ihnen sind heute unter uns. Ebenso sind einige Frauen und Kinder der Verstorbenen hier.

Warum starben alle diese Männer so rasch und unaufhaltsam? Erlassen Sie mir die oft empörenden Einzelheiten ihrer Behandlung. Kurz zusammengefasst kann man sagen: Sie wurden unmenschlich behandelt, sie waren so unmenschlich untergebracht und ernährt und sie wurden zu so unmenschlichen Arbeitsleistungen gezwungen, dass jeder, der nicht ganz außergewöhnliche Kraftreserven, körperliche und seelische, besaß, diesem furchtbaren Regime rasch erliegen musste. Sie sollten ihm erliegen, und sie sind ihm erlegen. Die größte Schuld trägt der kommunistische deutsche Lagerleiter, der von einem infernalischen Hass gegen das Reichsgericht beseelt war und der ständig öffentlich verkündete, alle Reichsgerichtsräte müssten verrecken.

Ein Wort noch über die Behandlung der Frauen und Familien der Verhafteten. Niemals erhielten die Frauen die geringste Nachricht, wo man ihre Männer hingebracht habe und was mit ihnen geworden sei. Nur durch durchgeschmuggelte vereinzelte Kassiber aus dem Lager wurde ihnen allmählich etwas von dem Schicksal ihrer Männer bekannt. Auch von dem Tod ihrer Gatten erhielten die Frauen niemals Nachricht. Sehr viele Frauen hofften immer noch auf die Rückkehr ihrer Männer, die sie völlig schuldlos wussten, während diese schon längst schmachvoll irgendwo in dem Lager verscharrt waren. Ja, an einzelne der Frauen machte sich die geheime deutsche Staatspolizei heran und sagte ihnen, wenn sie sich entschlössen, ihre Bekannten zu bespitzeln und der Polizei Nachrichten zu liefern, dürften sie ihre Männer besuchen. Wahrhaftig: ‚Dieser Frauen Schicksal war beklagenswert.' Warum rühren wir heute wieder an diesen Dinge? Warum enthüllen wir heute hier im Bundesgerichtshof diese schlichte Gedenktafel, die das Andenken an die Opfer eines mörderischen Regimes wach halten soll? Gewiss kann man sagen: Hier wurden die namenlosen Greuel des nationalsozialistischen Regimes mit ebenso namenlosen Gegengreueln beantwortet, die mit den nationalsozialistischen Greuel auch das gemeinsam hatten, dass sie ebenso blind, fühllos und rechtlos zerschlugen wie jene. Aber einmal muss ja dieser tödliche Zirkel von Greueln und Gegengreueln durchbrochen werden, und einmal muss der rettende Absprung gefunden werden. Einmal müssen die Wahrheit und das Recht wieder siegen, und sei es auch nur in den Herzen der Menschen. Es geziemt sich gerade für die Männer des Rechtes, im Bekenntnis zu diesem Glauben der unschuldigen Opfer und der Märtyrer des Unrechtes zu gedenken, die stellvertretend für uns gelitten haben, ihr Andenken zu ehren und sich vor ihrem Schicksal in Ehrfurcht zu neigen. Es geziemt sich besonders für den Bundesgerichtshof und die Bundesanwaltschaft, das zu tun, weil der Bundesgerichtshof die Ehre hat, das Nachfolgegericht des Reichsgerichts zu sein, und weil die Bundesanwaltschaft die Ehre hat, die Nachfolgerin der Reichsanwaltschaft am Reichsgericht zu sein. Und noch ein anderer Grund hat uns zu dieser Handlung bewogen: Das war der Wunsch der Frauen der Verstorbenen, die ja kein Grab haben, an das sie hingehen können, und die dieses Mahn- und Ehrenmal als die Stätte empfinden, an die sie im Gedächtnis der Toten hindenken können.

Dem Künstler, der diese schlichte und schöne Tafel geschaffen hat, sage ich unseren herzlichen Dank.

Indem ich jetzt die Tafel enthülle und diesen Kranz an ihr niederlege, bitte ich Sie, in einer Minute des Schweigens der Toten und Hinterbliebenen zu gedenken."

(Quelle: Gerhard Finn, Die politischen Häftlinge der Sowjetzone, S. 16 ff.)

Der Tod von Sachsenhausen

(Aus dem Bericht des ehemaligen Leiters des Beerdigungskommandos im sowjetischen KZ Sachsenhausen)

Die Verstorbenen wurden in Sachsenhausen der Bequemlichkeit halber zunächst in Bombentrichtern „beigesetzt“, und zwar an der Chaussee, die zum Bahnhof Sachsenhausen führt. Dort wurden später im Walde die Menschen verladen, die man in die UdSSR verschleppte. Man bepflanzte die Totenlöcher mit Kiefern ...

Schmachtenhagen bei Sachsenhausen/Oranienburg war der neue Beerdigungsort. Dort hatte man eine Waldschneise geschlagen. Ein Trecker brachte Nacht für Nacht die beladenen Anhänger dorthin. Weit in der Umgebung hörte man den uralten Lenz-Trecker donnern, wenn er mit seiner unheimlichen Fracht durch die stille Nacht rasselte. Die Barackenposten an den Türen wickelten sich fester in den Mantel, der für diesen Dienst extra gestellt wurde, und lauschten dem Tod.

Immer dieselben Männer waren es, die in Schmachtenhagen tätig sein durften; denn es musste geheimnisvoll bleiben, was dort geschah. Die Totengräber sollten bei ihrer Tätigkeit nicht auffallen, es sollten keine Totenzahlen bekannt werden, die Hunger-Henker scheuten die Verantwortung für das Ausmaß der Vernichtung ...

Im Februar 1949 entstand in der Kommandantur erhebliche Aufregung, der Grund dafür sprach sich schnell herum, der Nachrichtendienst im Lager funktionierte stets prompt und schnell: Internierte hatten einige der Pappschilder gefunden, die man den Toten an die Beine band und die beim Transport zum Friedhof verlorengegangen waren. Es kam der Befehl, die Toten ohne diese Schilder zu beerdigen, um jede Möglichkeit der Zählung zu verschleiern. Nichts fürchtete man damals russischerseits mehr als ein Bekanntwerden der Totenzahl außerhalb des Lagers.

Aber die Zahlen waren bekannt. Es waren inzwischen in Sachsenhausen 19.000 beerdigt worden, besser eingescharrt. Das Lager ist bis 1950 praktisch zweimal ausgestorben! Auf dem Friedhof war es verboten, irgendwelche Blumen zu pflanzen. Auch die Hügel der Toten, die nach Zuschütten ca. 50 cm hoch waren, durften nicht neu aufgeschüttet werden. Es sollte nach Möglichkeit alles schnell dem Erdboden gleichgemacht werden.

(Quelle: Karl Wilhelm Fricke, Politik und Justiz in der DDR, S. 87)

US-Lager für Zivilinternierte

Der politische Berater der US-Militärregierung, Botschafter Robert Murphy, hat den Besuch in einem Camp in der Nähe von Frankfurt so geschildert:

„Einige Beamte von OMGUS* konnten, als sie sich den Deutschen als Herren über Leben und Tod gegenübersahen, oft der Versuchung nicht widerstehen, Gott zu spielen. ... Wir fuhren zu einem amerikanischen Internierungslager in einem der Vororte, in dem ‚kleine Nazis' festgehalten wurden und auf ihre Einstufung warteten – ehemalige Parteimitglieder, die in der Parteiorganisation unbedeutende Posten bekleidet hatten, darunter sogar Putzfrauen von Parteidienststellen. ... Überrascht musste ich feststellen, dass unsere Gefangenen fast ebenso schwach und ausgemergelt waren wie die, die ich in den Nazilagern gesehen hatte. Der jugendliche Lagerkommandant erzählte uns gelassen, dass er die Insassen mit Absicht auf Hungerration gesetzt hatte: ‚Die Nazis sollen ihre Methoden am eigenen Leib zu spüren bekommen.' ... Ein anderes Mal erfuhren wir, dass ein NS-Konzen-trationslager, mit allem zum Erpressen von Geständnissen Notwendigen ausgerüstet, nun unter amerikanischer Regie weiterexistierte. Ein übereifriger amerikanischer Nachrichtenoffizier hatte erkannt, wie gut man mit Hilfe der Nazimethoden die Nazis selbst dazu bringen konnte, ihre Verbrechen einzugestehen."

(Quelle: R. Murphy, Diplomat unter Kriegern, S. 359)

* Militärregierung der Vereinigten Staaten in ihrer Besatzungszone

Nachkriegselend in Westdeutschland

Der britisch-jüdische Verleger, Schriftsteller und Humanist Victor Gollancz berichtet von seinem Deutschland-Besuch im Oktober und November 1946:

Die Leute vom Roten Kreuz führten mich auch in einen Bunker, deren es in Düsseldorf mehrere gibt. ...

Man stieg eine lange, dunkle Treppe hinunter, dann einen stockfinsteren Tunnel entlang und kam zu einem 79-jährigen Mann in einem Loch, das er sich „ganz allein" wohnlich – nach den herrschenden Begriffen – gemacht hatte. Seine Frau war fortgegangen und versuchte Brot zu kaufen. In einem anderen Teil desselben Kellers wohnte eine Mutter mit drei Kindern – sechs, zehn und vierzehn Jahre. Alle vier schliefen in einem Bett, zwei nebeneinander und die beiden anderen ebenso am Fußende. Die Mutter kam zurück, während wir da waren; es war 10:30 Uhr. Sie hatte seit dem frühen Morgen nach Brot angestanden und war dann mit leeren Händen zurückgekommen – ‚nirgends gibt es Brot'. Eines der Kinder war noch im Bett; keines hatte heute etwas zu essen bekommen, denn das letzte Brot war gestern zu Ende gegangen. Der Vater war in Russland gefangen. Zwei der Kinder hatten Tuberkulose.

... Am Rand der Stadt (Oberhausen) steht ein Lager, das in erster Linie für Flüchtlinge aus dem von den Polen besetzten Deutschland bestimmt ist. Die meisten der Insassen waren seit vier Monaten dort, nachdem sie vorher etwa die gleiche Zeit in einem Bunker verbracht hatten. Es war ein bitterkalter, stürmischer Tag. Und zwei oder drei Dutzend Kinder liefen ziellos auf dem feuchten Korridor auf und ab; manche mit zerrissen Schuhen und manche barfuß.

Die Quartiere zum Wohnen und Schlafen waren kleine, nackte Betonzellen.

... In der einen fanden wir Mutter und Tochter beim Mittagsmahl. Die Tochter schien dem Aussehen nach 25 zu sein; es stellte sich heraus, sie war sechzehn. Die Mutter lag im Bett. Sie war sehr krank, und die Tochter meinte, es sei Asthma oder Herzbeschwerden oder beides: sie konnte nur flüsternd sprechen. Soviel ich verstehen konnte, beklagte sie sich vor allem über Mangel an frischer Luft. ...

Die Mutter hatte ehemals 70 Kilo gewogen, jetzt wog sie noch 46; zusätzliche Verpflegung erhielt sie aber trotz ihres Zustandes nicht. Jeder hatte zwei Scheiben trockenes Brot zum Frühstück, und zu Mittag aß jeder einen nicht eben sehr vollen Teller Haferflockensuppe in Wasser. Sie waren keine „Flüchtlinge", sondern Ausgebombte aus Oberhausen, die nach Bayern evakuiert worden waren und nun nach Oberhausen hatten zurückkehren müssen. Die Mutter wird, glaube ich, nicht mehr lange leben.

(Quelle: Victor Gollancz, Stimme aus dem Chaos, S. 234 ff.)

Amtliche Dokumentationswerke zum Thema

Statistisches Bundesamt (Hg.): Die deutschen Vertreibungsverluste, Bevölkerungsbilanzen für die deutschen Vertreibungsgebiete 1939/50 (Wiesbaden, Stuttgart 1958)

Bundesministerium für Vertriebene, Flüchtlinge und Kriegsgeschädigte (Hg.), Theodor Schieder (Bearbeiter): Dokumentation der Vertreibung der Deutschen aus Ost-Mitteleuropa
Das Werk umfasst die folgenden Einzelbände:

Band I/1	Die Vertreibung der deutschen Bevölkerung aus den Gebieten östlich der Oder-Neiße (o. J.)
Band I/2	Die Vertreibung der deutschen Bevölkerung aus den Gebieten östlich der Oder-Neiße (o. J.)
Band I/3	Die Vertreibung der deutschen Bevölkerung aus den Gebieten östlich der Oder-Neiße – Polnische Gesetze und Verordnungen 1944–1955 (o. J.)
Band II	Das Schicksal der Deutschen in Ungarn (1956)
Band III	Das Schicksal der Deutschen in Rumänien (1957)
Band IV/1	Die Vertreibung der deutschen Bevölkerung aus der Tschechoslowakei (1957)
Band IV/2	Die Vertreibung der deutschen Bevölkerung aus der Tschechoslowakei (1957)
Band V	Das Schicksal der Deutschen in Jugoslawien (1961)
Beiheft 1:	Ein Tagebuch aus Pommern 1945–46 – Aufzeichnungen von Käthe von Normann (1955)
Beiheft 2:	Ein Tagebuch aus Prag 1945-46 – Aufzeichnungen von Margarete Schell (1957)
Beiheft 3:	Ein Bericht aus Ost- und Westpreußen 1945–1947 – Aufzeichnungen von Hans Graf von Lehndorff (1960)

Die vergriffene Bonner Originalausgabe ist 1984 als Taschenbuch-Reprint bei dtv München neu erschienen.

Bundesarchiv: Zusammenfassender Bericht zur Dokumentation der Vertreibungsverbrechen (Koblenz 1974). Diese zunächst unveröffentlichte Dokumentation wurde 1989 von der Kulturstiftung der deutschen Vertriebenen, Bonn, unter dem Titel „Vertreibung und Vertreibungsverbrechen 1945–1948“ publiziert.

Kirchlicher Suchdienst: Gesamterhebung zur Klärung des Schicksals der deutschen Bevölkerung in den Vertreibungsgebieten (München 1965, unveröffentlicht).

Erich Maschke, Leiter der wissenschaftlichen Kommission für deutsche Kriegsgefangenengeschichte: Zur Geschichte der deutschen Kriegsgefangenen des Zweiten Weltkriegs.
Das Werk umfasst die folgenden Einzelbände:

I/1 Kurt W. Böhme: Die deutschen Kriegsgefangenen in Jugoslawien, 1941–1949. (Mit einer Einführung von Erich Maschke zur gesamten Schriftenreihe.) (1962)

I/2 Kurt W. Böhme: Die deutschen Kriegsgefangenen in Jugoslawien, 1949–1953. (1964)

II Diether Cartellieri: Die deutschen Kriegsgefangenen in der Sowjet-Union – Die Lagergesellschaft. Eine Untersuchung der zwischenmenschlichen Beziehungen in den Kriegsgefangenen-Lagern. (1967)

III Hedwig Fleischhacker: Die deutschen Kriegsgefangenen in der Sowjetunion – Der Faktor Hunger. (Mit einer Einführung von Erich Maschke.) (1965)

IV Werner Ratza: Die deutschen Kriegsgefangenen in der Sowjetunion – Der Faktor Arbeit. (Mit einer Einführung von Erich Maschke.) (1973)

V/1–3 Kurt Bährens: Deutsche in Straflagern und Gefängnissen der Sowjetunion. (3 Bde.) (1965)

VI Wolfgang Schwarz: Die deutschen Kriegsgefangenen in der Sowjetunion – Aus dem kulturellen Leben. (Mit einer Einführung von Erich Maschke.) (1969)

VII Kurt W. Böhme: Die deutschen Kriegsgefangenen in sowjetischer Hand – Eine Bilanz. (Mit einer Beilage von Johann Anton.) (1966)

VIII Gerd Robel: Die deutschen Kriegsgefangenen in der Sowjetunion – Antifa. (1974)

IX Otto Böss: Die deutschen Kriegsgefangenen in Polen und der Tschechoslowakei. (1974)

X/1 Hermann Jung: Die deutschen Kriegsgefangenen in amerikanischer Hand – USA. (1972)
X/2 Kurt W. Böhme: Die deutschen Kriegsgefangenen in amerikanischer Hand – Europa. (1973)
XI/1 Helmut Wolff: Die deutschen Kriegsgefangenen in britischer Hand – Ein Überblick. (1974)
XI/2 Henry Faulk: Die deutschen Kriegsgefangenen in Großbritannien-Re-education. (1970)
XII Hermann Jung: Die deutschen Kriegsgefangenen im Gewahrsam Belgiens, der Niederlande und Luxemburgs. (1966)
XIII Kurt W. Böhme: Die deutschen Kriegsgefangenen in französischer Hand. (Mit einem Beitrag von Horst Wagenblaß.) (1971)

Anmerkungen

1. Vorbemerkung: Die europäischen Nachkriegsverluste

1 R. Ströbinger: Roter Kolonialismus (Zürich, Osnabrück 1981), S. 42.

2 Borivoje M. Karapandzich: The Bloodiest Yugoslav Spring (New York 1980), Einführung S. 2.

3 K. D. Henke und H. Woller (Hg.): Politische Säuberungen in Europa (München 1991), S. 376.

4 Hans Werner Neulen: An deutscher Seite (München 1985), S. 219 f.; Ph. Baillet in: Schwarzbuch des Kommunismus 2 (München 2004), S. 494 ff.

5 Nicholas Bethell: Das letzte Geheimnis (Frankfurt, Berlin, Wien 1980), S. 129 f.; M. Blazekovic in der FAZ vom 16. 1. 1990.

6 Bethell, a.a.O., S. 133.

7 Zu dem Gesamtkomplex vgl. außer Neulen, Karapandzich und Bethell, a.a.O., vor allem Nikolai Tolstoy: The Klagenfurt Conspiracy im Londoner „Encounter", LX 1983, Nr. 5 (S. 24 ff.), ferner Hellmut Diwald: Geschichte der Deutschen (Frankfurt 1978), S. 123; A. Pitamitz: Lo sterminio dei Croati in der „Storia Illustrata" Nr. 319, 320 (Juni/Juli 1984); Henke und Woller, a.a.O., S. 393.

8 Nach eigenen Angaben töteten die kroatischen Faschisten etwa 400.000 Serben zwischen 1941 und 1943, vgl. Johann Wuescht: Jugoslawien und das Dritte Reich (Stuttgart 1969), S. 320. Nach serbischen Angaben sollen sie sogar 750.000–1.000.000 Serben ermordet haben, vgl. Wuescht, a.a.O., S. 200, sowie Ladislaus Hory, Martin Broszat: Der kroatische Ustascha-Staat (Stuttgart 1964), S. 100 ff. Die Zahlen der serbischen Kommunisten dürften aber ebenso überhöht sein wie die – zufällig gleich hohen – Angaben der kroatischen Faschisten über die Morde der Tito-Kommunisten in Jugoslawien, vgl. Anm. 12 unten; ferner Henke und Woller, a.a.O., S. 360 f.

9 Einzelheiten bei Neulen, a.a.O., sowie Diwald, a.a.O.

10 Vgl. Nikolai Tolstoy, The Klagenfurt Conspiracy, a.a.O., sowie die „Timewatch"-Sendung im 2. BBC-Fernsehprogramm am 3. 1. 1984 (Titel: The Klagenfurt Affair, auch in der „Times" vom 9. 1. 1984 besprochen), ferner Milovan Djilas im „Encounter" im Dezember 1979, L III, Nr. 6, sowie Nikolai Tolstoy: The Minister and the Massacres (London 1986).

11 Neulen, a.a.O., S. 399.

12 Ernst-Günther Schenk: Das menschliche Elend im 20. Jahrhundert (Herford 1965), S. 7; Werner Brockdorff: Kollaboration oder Widerstand in den besetzten Ländern (München, Wels 1968), S. 152, 161; Wuescht, a.a.O., S. 200; Gunther Ipsen: Wachstum und Gliederung der Bevölkerung Jugoslawiens, in: Osteuropa-Handbuch, Jugoslawien (Köln, Graz 1954), S. 37 ff. Auch Gunnar Heinsohn rechnet in seinem „Lexikon der Völkermorde" (Reinbek bei Hamburg 1998, S. 214) mit über einer Million Nachkriegsopfern.

13 Neulen, a.a.O., S. 239; ferner G. Strasser in der „Jungen Freiheit" vom 31. 8. 2007 über neue Gräberfunde; vgl. dazu Henke und Woller, a.a.O., S. 363.

14 „American Mercury" vom April 1946, hier zitiert nach Paul Serant: Die Politischen Säuberungen in Westeuropa (Oldenburg und Hamburg 1963), S. 155.

15 Serant, a.a.O., S 147.

16 Serant, a.a.O., S. 163 bzw. 158.
17 Serant, a.a.O., S. 158.
18 Pater Pancini, ein Domprediger von Notre Dame, wurde zum Beispiel auf Druck der französischen Regierung vom Vatikan abberufen, weil er in einer seiner Fastenpredigten 1945 gegen die laufenden Folterungen und Morde protestiert hatte, vgl. Serant, a.a.O., S 195.
19 Neulen, a.a.O., S. 398; nach Robert Aron: Histoire de Vichy 1940–1944 (Paris 1954) waren es maximal 40.000 Ermordete.
20 Zusammenstellung aller Schätzungen im Pariser Magazin „Le Crapouillot“, Mai-April-Ausgabe 1985 (Nr. 81), S. 19 f.; sie reichen von 9.673 bis 105.000; vgl. ferner Serant, a.a.O., S. 154, 156, und Neulen a.a.O., S. 112, sowie Henke und Woller, a.a.O., S. 201.
21 Serant, a.a.O., S. 302 f.
22 Serant, a.a.O., S. 303.
23 Neulen, a.a.O., S. 112.
24 Serant, a.a.O., S. 303.
25 Henke und Woller, a.a.O., S. 181.
26 Die Schätzungen reichen von 7.000 bis zu 350.000 Getöteten. Vgl. Neulen, a.a.O., S. 197, und Serant, a.a.O., S. 237; hohe Zahlenangaben zum Beispiel bei R. Graziani: Ho difeso la patria (Milano 1949), S. 411; ferner Henke und Woller, a.a.O., S. 183.
27 W. Brockdorff, a.a.O., S. 51, spricht von mindestens 200.000 Opfern, Henke und Woller, a.a.O., S. 183, von höchstens 15.000.
28 Henke und Woller, a.a.O., S. 178.
29 Neulen, a.a.O., S. 398, bringt eine Zusammenstellung der Hinrichtungen in den verschiedenen Ländern.
30 J. G. Reißmüller in der FAZ vom 10. 5. 1994.
31 Neulen, a.a.O., S. 245 und 398.
32 Zitiert in der „Welt“ vom 20. 3. 1985.
33 Zu dem Gesamtkomplex vgl. Alexander Solschenizyn: Der Archipel GULAG, Bd. 1, S. 80 ff. (Taschenbuchausgabe Reinbek bei Hamburg 1978); Albin Eissner: Das Schicksal der polnischen Ostgebiete, in: „Außenpolitik“, 1961, S. 404 ff.; Helmut Fechner (Hg.): Deutschland und Polen 1772–1945 (Würzburg 1964), S. 207; Andrzej Kaminski: Konzentrationslager 1896 bis heute (Stuttgart 1982), S. 200 ff., rechnet mit 1,8–2,5 Millionen Verschleppten, Nikolai Tolstoy: Stalin's Secret War (London 1981), S. 102, mit 1 bis 1,5 Millionen (polnischen) Verschleppten.
34 Rudolf Ströbinger, a.a.O., S. 60. Die Todesrate ist wohl überschätzt; denn die einfachen Soldaten wurden nach und nach freigelassen, vgl. Stephane Courtois u. a. (Hg.): Schwarzbuch des Kommunismus (München 1998), S. 403.
35 Tolstoy (Stalin ...), a.a.O., S. 149 mit weiteren Literaturhinweisen.
36 Tolstoy (Stalin ...), a.a.O., S. 150; Kaminsky, a.a.O., S. 191; Solschenizyn, a.a.O., S. 80. Tatsächlich aber dürfte die Mehrzahl überlebt haben.
37 Tolstoy, a.a.O., S. 200; Solschenizyn, a.a.O., S. 80.
38 Tolstoy, a.a.O., S. 194 ff.
39 Vgl. Die „Welt“ vom 6. 6. 1983 und Tolstoy, a.a.O., S. 266; Robert Conquest: Stalins Völkermord (Wien 1970), S. 71, 207.
40 Zum Komplex Lemberg vgl. z. B. Alfred M. de Zayas: Die Wehrmacht-Untersuchungsstelle (München 1979), S. 333 ff.
41 Tolstoy (Stalin ...), a.a.O., S. 243–249; Donald Rayfield: Stalin und seine Henker (München 2004), S. 473 f.
42 Tolstoy, a.a.O., S. 248.
43 Tolstoy, a.a.O., S. 248 f.
44 Anton Antonow-Owssejenko: Stalin, Portrait einer Tyrannei (München, Zürich 1984), S. 262.
45 Tolstoy, a.a.O., S. 242; Militärgeschichtliches Forschungsinstitut (Hg.): Das Deutsche Reich und der Zweite Weltkrieg; Bd. 4 (Stuttgart 1982), S. 781 ff.
46 Solschenizyn, a.a.O., S. 81.
47 Tolstoy, a.a.O., S 282.
48 Kaminski, a.a.O., S. 202; Einzelheiten bei Courtois, a.a.O., S. 406 ff.
49 David Irving: Der Nürnberger Prozeß (München 1979), S. 30.
50 Tolstoy, a.a.O., S. 266.
51 Bundesministerium für Vertriebene, Flüchtlinge und Kriegsgeschädigte:

Dokumentation der Vertreibung der Deutschen aus Ost-Mitteleuropa, bearbeitet von Theodor Schieder, Bd. II (Das Schicksal der Deutschen in Ungarn), Neuauflage in Taschenbuchform München 1984, S. 44 E; Tolstoy, a.a.O., S. 267.

52 Conquest, a.a.O., S. 69–71.

53 Conquest, a.a.O., S. 173.

54 Conquest, a.a.O., S. 114, 172.

55 Tolstoy (Stalin ...), a.a.O., S. 283 f.

56 Tolstoy ebenda.

57 Nicholas Bethell: Das letzte Geheimnis (Frankfurt, Berlin, Wien 1980), S. 12; N. Tolstoy: Die Verratenen von Jalta (München, Wien 1977), S. 21, 50 ff.; Solschenizyn, a.a.O., S. 87; Werner Maser: Nürnberg (Düsseldorf 1977), S. 558 ff.; am 6. 3. 1982 wurde am Londoner Thurloe Square ein Denkmal für die Ausgelieferten enthüllt.

58 Solschenizyn, a.a.O., S. 85. Nach Ulrike Goeken-Haidl: Der Weg zurück – die Repatriierung sowjetischer Zwangsarbeiter und Kriegsgefangener (Essen 2006), wurden 994.000 Sowjetsoldaten von Militärtribunalen verurteilt, davon 157.000 zum Tode.

59 Tolstoy (Die Verratenen ...), a.a.O., S. 540 f.

60 Werner Rings: Leben mit dem Feind (München 1979), S. 126; Kaminski, a.a.O., S. 211, 215.

61 N. Galai: Die Partisanen, veröffentlicht in B. H. Liddell Hart (Hg.): Die Rote Armee (Bonn 1957), S. 181 ff.

62 Solschenizyn, a.a.O., S. 88; Tolstoy (Stalin ...), a.a.O., S. 264 f.

63 Albin Eissner: Personelle Kriegsverluste des polnischen Volkes, in „Außenpolitik“, 1963, S. 48; Hans Roos: Die Geschichte der polnischen Nation 1918–1978 (Stuttgart 1979), S. 205 f.

64 Die Schätzungen reichen von 7,5 über 12 und 20 bis zu 30 Millionen, vgl. Tolstoy (Stalin ...), a.a.O., S. 280; Hannah Arendt: Elemente und Ursprünge totaler Herrschaft (Frankfurt 1962), S. 479 f.

65 Tolstoy (Stalin ...), a.a.O., S. 284; Dimitri Pagin: The Notebooks of Sologdin (London 1976), S. 90; Neue Züricher Zeitung vom 16./17. 8. 1986.

66 Hans Graf Huyn: Sieg ohne Krieg (München 1984), S. 31 f.

67 Die „Welt“ vom 4. 9. 1982.

68 Courtois, a.a.O., S. 16.

2. Vertreibung

1 Statistisches Bundesamt (Hg.): Die deutschen Vertreibungsverluste (Wiesbaden, Stuttgart 1958), S. 32, 38, 46; ähnlich Gerhard Ziemer: Deutscher Exodus (Stuttgart 1973), S. 63; Alfred M. de Zayas: Die Nemesis von Potsdam (München 2005), S. 33; sowie G. Richling: Die deutschen Vertriebenen in Zahlen, Teil I (Bonn 1986), S. 17.

2 Statistisches Bundesamt, a.a.O., S. 9, 13 f., 31.

3 Die sowjetische Volkszählung von 1939 weist 1,424 Millionen Deutschrussen aus, vgl. Alfred Bohmann: Menschen und Grenzen, Bd. 3: Strukturwandel der deutschen Bevölkerung im sowjetischen Staats- und Verwaltungsgebiet (Köln 1970), S. 85. Die Angabe „1,5–2 Millionen“ stammt aus der Broschüre des Bundesvertriebenenministeriums: „1949–1969, 20 Jahre Bundesministerium für Vertriebene, Flüchtlinge und Kriegsgeschädigte“ (Bonn o. J.). Vgl. im Übrigen Statistisches Bundesamt, a.a.O., S. 12 f.

4 Bundesministerium für Vertriebene (Hg.): Die Vertreibung der Deutschen aus Ost-Mitteleuropa, bearbeitet von Theodor Schieder (Bonn 1953–1962, Neuauflage in Taschenbuchform München 1984), Band I 1, S. 5 E.

5 Durch „Kinderlandverschickung“ wurden 5 Millionen Kinder evakuiert, vgl. C. Larass: Der Zug der Kinder (München 1983), S. 13, 108.

6 Bohmann, a.a.O., Bd. 4 (Köln 1975).

7 Statistisches Bundesamt, a.a.O., S. 288.

8 Gotthold Rhode: Völker auf dem Wege (Kiel 1952), S. 19: Ziemer, a.a.O., S. 101. Diese Autoren sprechen zwar pauschal von Evakuierten, meinen aber offenbar die Zugezogenen insgesamt.

Weitere Literatur: „Statistische Berichte“ (herausgegeben vom Statistischen Bundesamt) vom 28. 2. 1953 und vom 4. 11. 1959.

9 Statistisches Bundesamt, a.a.O., S. 10, 17.

10 Statistisches Bundesamt, a.a.O., S. 14, 32.

11 Statistisches Bundesamt, a.a.O., S. 342. Die Zivilverluste bei Erdkämpfen dürften im Übrigen nur ein Bruchteil der Gesamtverluste ausmachen, vgl. ebenda S. 32, 42, ferner Bundesministerium für Vertriebene, a.a.O., Bd. I 1, S. 159 E.

12 Statistisches Bundesamt, a.a.O., S. 14.

13 Statistisches Bundesamt, a.a.O., S. 9 ff.

14 Nach heutigen Erkenntnissen sind allerdings „nur“ 69.000 Menschen zu Tode gekommen, vgl. Donauschwäbische Kulturstiftung (Hg.): Verbrechen an den Deutschen in Jugoslawien 1944–1948 (München 1998), S. 308.

15 Statistisches Bundesamt, a.a.O., S. 38, 45 f., 26 (in Kurzform zitiert bei Ziemer, a.a.O., S. 95 f.).

16 Statistisches Bundesamt a.a.O., S. 10 (ähnlich Ziemer, a.a.O., S. 95).

17 „Statistische Berichte“ vom 4. 11. 1959, S. 20. Diese Zahl nennt auch Gunnar Heinsohn in seinem „Lexikon der Völkermorde“ (Reinbek bei Hamburg 1998), auf S. 347.

18 Vgl. das hektographierte Begleitschreiben des Bundesvertriebenenministeriums vom 22. November 1968 zur „Gesamterhebung“, adressiert an den Bevölkerungsstatistiker Alfred Bohmann (Mitverfasser und Koordinator des Werks „Die deutschen Vertreibungsverluste“). Die Erkenntnisse des Kirchlichen Suchdienstes sind besonders wertvoll, weil dieser 18.637.957 Personen aus den Vertreibungsgebieten namentlich erfassen konnte (Stand vom 31. 12. 1980; vgl. Arbeitsbericht 1980 des Suchdienstes sowie dessen Broschüre „Kirchlicher Suchdienst, Aufgaben und Möglichkeiten“, München 1980). Dr. Bohmann hat die genannten Zahlen des Suchdienstes 1982 in zwei Gesprächen mit dem Verfasser ausdrücklich bestätigt.

19 R. Overmans: Deutsche militärische Verluste im Zweiten Weltkrieg (München 2004), S. 299.

20 F. P. Habel in: ODSUN (herausgegeben vom Sudetendeutschen Archiv 1995), S. 181, sowie de Zayas, a.a.O., S. 187.

21 De Zayas, a.a.O., S. 186 ff. und N. Naimark: Flammender Haß. Ethnische Säuberungen im 20. Jahrhundert (München 2004), S. 152 f.; Minimalzahlen dagegen Historikerkommission (Hg.): Konfliktgemeinschaft, Katastrophe, Entspannung (München 1996), S. 69, sowie: Erzwungene Trennung (Essen 1999), S. 153 ff.

22 Zur Zahl der Verschleppten vgl. Bohmann, a.a.O., Bd. 3, S. 71; zur Zahl der Zwangsrepatriierten vgl. Kurt W. Böhme: Gesucht wird ... Die dramatische Geschichte des Suchdienstes (München 1965), S. 275.

23 Kirchlicher Suchdienst: Gesamterhebung zur Klärung des Schicksals der deutschen Bevölkerung in den Vertreibungsgebieten (München 1965), S. 616.

24 Robert Conquest: Stalins Völkermord (Wien 1970), S. 172.

25 Böhme, a.a.O., S. 275.

26 Hans Ulrich Engel: 40 Jahre nach Flucht und Vertreibung (Düsseldorf 1985), S. 41.

27 Bundesministerium für Vertriebene, a.a.O., Bd. I 1, S. 160 E.

28 Bundesministerium für Vertriebene, a.a.O., Bd. I 1, S. 31 E.

29 Ziemer, a.a.O., S. 96.

30 Vgl. Sander/Johr (Hg.): BeFreier und Befreite (München 1992).

31 Ploetz: Raum und Bevölkerung in der Weltgeschichte, Bd. 2 (Würzburg 1955), S. 312; dtv-Atlas zur Weltgeschichte, Bd. 2 (München 1979), S. 221; Rhode, a.a.O., S. 19.

32 Kulturstiftung der deutschen Vertriebenen (Hg.): Vertreibung und Vertreibungsverbrechen 1945–1948 (Bonn 1989), S. 30.

33 Heinz Nawratil: Schwarzbuch der Vertreibung 1945–1948 (München 2007), S. 83 ff.

34 Walter Laqueur: Was niemand wissen wollte (Frankfurt, Berlin, Wien 1981), S. 107, 251 ff.; Rudolf Vogel: Ein Stempel hat gefehlt, Dokumente zur Emigration deutscher Juden (München, Zürich 1977).

35 Nach den „groben Schätzungen" des Bundesarchivs im Rahmen der Dokumentation der Vertreibungsverbrechen sind in den untersuchten Gebieten von den dort festgestellten 1,8 Millionen Vertreibungstoten „mehr als 600.000 Menschen" unmittelbar durch „Gewalttaten und Unmenschlichkeiten" zu Tode gekommen, vgl. Kulturstiftung der Vertriebenen, a.a.O., S. 53 f.; die Zahl 600.000 enthält allerdings nicht die Verbrechensopfer unter den Russland-, Rumänien- und Ungarndeutschen sowie unter den zugezogenen West- und Mitteldeutschen.

36 Z. B. Overmans, a.a.O., S. 299.

37 Bundesministerium für Vertriebene. a.a.O., Bd. IV 1, S. 50 f. (Fußnoten).

38 Wenzel Jaksch: Europas Weg nach Potsdam (Stuttgart 1958), S. 413 f.

39 In Wirklichkeit hat Benesch die NS-Methoden in seinem Land bei weitem übertroffen; 6 Jahre Hitler-Terror im Krieg verursachten unter den Tschechen einen Bevölkerungsverlust von 0,7 Prozent, ein Jahr Vertreibung bedeutete für die Sudetendeutschen einen Bevölkerungsverlust von 8 Prozent im Frieden, vgl. Fritz Peter Habel: Dokumente zur Sudetenfrage (München 1984), S. 477.

40 Bundesministerium für Vertriebene. a.a.O., Bd. IV 1, S. 117 (Fußnote).

41 Gerald Reitlinger: Die Endlösung (Berlin 1960), S. 571 ff., nimmt an, dass z. B. von den rumänischen Juden rund 50 Prozent auf diese Weise starben; in Deutschland, Österreich, Böhmen und Mähren waren es sogar 80 Prozent der jüdischen Verfolgten.

42 Alfred M. de Zayas: Die deutschen Vertriebenen (Graz 2006), S. 60 ff.

43 Der Prozess gegen die Hauptkriegsverbrecher vor dem Internationalen Militärgerichtshof (Nürnberg 1947, Nachdruck München und Zürich 1984), Bd. 1, S. 12

44 Der Prozess ..., a.a.O., Bd. 3, S. 663 f.; Joe Heydecker/Johannes Leeb: Bilanz der tausend Jahre (München 1975), S. 522.

45 Trials of War Criminals before the Nuremberg Military Tribunals (Washington D. C. 1950), Vol. V, S. 1–104.

46 F. Ermacora: Die sudetendeutschen Fragen (München 1992) bzw. Das deutsche Vermögen in Polen (München 1996); D. Blumenwitz: Flucht und Vertreibung (Köln 1987) bzw. Rechtsgutachten über die Verbrechen an den Deutschen in Jugoslawien 1944–1948 (München 2002).

47 FAZ vom 3. 8. 2001 bzw. 4. 5. 1999.

48 Manfred Kittel: Eine Zentralstelle zur Verfolgung von Vertreibungsverbrechen; in: Vierteljahreshefte für Zeitgeschichte, Heft 2, April 2006, und: Vertreibung der Vertriebenen? (München 2007). Ähnlich Herbert Czaja: Unterwegs zum kleinsten Deutschland? Mangel an Solidarität mit den Vertriebenen (Frankfurt/Main 1996).

49 De Zayas: Nemesis, a.a.O., S. 401.

3. Kriegsgefangenschaft

1 Kurt W. Böhme: Gesucht wird ... Die dramatische Geschichte des Suchdienstes (München 1965), S. 12 f.

2 Die deutschen Kriegsgefangenen des Zweiten Weltkriegs. Eine Zusammenfassung, Bd. XV der Reihe: Zur Geschichte der deutschen Kriegsgefangenen des Zweiten Weltkriegs, herausgegeben von Erich Maschke, Leiter der Wissenschaftlichen Kommission für deutsche Kriegsgefangenengeschichte (München, Bielefeld 1974), S. 235.

3 Maschke, a.a.O., Bd. XV, S. 207.

4 Alfred M. de Zayas: Die Wehrmacht-Untersuchungsstelle. Deutsche Ermittlungen über alliierte Völkerrechtsverletzungen im Zweiten Weltkrieg (München 1979), S. 273.

5 Maschke, a.a.O., Bd. XV, S. 239.

6 David Irving: Der Nürnberger Prozeß (München 1979), S. 55. Nach sowjetischen Angaben waren es nur 135.000, vgl. Maschke, a.a.O., Bd. VII (Die deutschen Kriegsgefangenen in sowjetischer Hand. Eine Bilanz; München, Bielefeld 1966), S. 44.
7 Maschke, a.a.O., Bd. VII, S. 44.
8 Maschke, a.a.O., Bd. XV, S. 239.
9 Maschke, a.a.O., Bd. XV, S. 280.
10 Maschke, a.a.O., Bd. XV, S. 220 f.; nach russischen Archiven haben Zwangsarbeiter in der Sowjetunion über 1 Milliarde Arbeitstage geleistet.
11 Arthur L. Smith: Heimkehr aus dem Zweiten Weltkrieg (Stuttgart 1989), S. 50 f.
12 Maschke, a.a.O., Bd. XV, S. 408 f.
13 Maschke, a.a.O., Bd. I 1 (Die deutschen Kriegsgefangenen in Jugoslawien 1941–1949; München, Bielefeld 1976), S. 42, 254. Ihre Schätzung bezeichnet die Wissenschaftliche Kommission für deutsche Kriegsgefangenengeschichte ausdrücklich als „vorsichtig". Auch die Ausgangszahl von 194.000 Gefangennahmen ist eine Mindestschätzung. Nach Werner Brockdorff, Kollaboration oder Widerstand (München, Wels 1968), sind allein in Serbien 100.000 deutsche Gefangene getötet worden. Die Diskrepanzen ergeben sich vor allem daraus, dass die kommunistischen Partisanen die meisten, die sich im Kampf ergaben, nicht als Gefangene behandelten, sondern oft grausam ermordeten; vgl. Maschke a.a.O., Bd. I 1, S. 64 ff.
14 Maschke, a.a.O., Bd. I 1, S. 88 f., 108 f.
15 Maschke, a.a.O., Bd. I 1, S. 114 ff., 134.
16 Maschke, a.a.O., Bd. I 1, S. 16.
17 Lothar Rendulic: Gekämpft, Gesiegt, Geschlagen (Heidelberg 1952), S. 210.
18 Maschke, a.a.O., Bd I 2 (Die deutschen Kriegsgefangenen in Jugoslawien 1949–1953, München, Bielefeld 1976), S. 38 ff., 214 ff.
19 Maschke, a.a.O., Bd. I 2, S. 341.
20 Die „Welt" vom 24. 6. 1985.
21 Aussage ehemaliger US-Soldaten in der „Welt" vom 8. 3. 1990.
22 Maschke, a.a.O., Bd. X 2 (Die deutschen Kriegsgefangenen in amerikanischer Hand/Europa; München, Bielefeld, 1973), S. 142 ff., 176 ff.
23 Maschke, a.a.O., Bd. X 2, S. 203 f.
24 James Bacque: Der geplante Tod (München 1989).
25 Bacque, a.a.O., S. 156 ff.
26 Bacque, a.a.O., S. 259.
27 FAZ, 1. 2. 1994, S. 29.
28 Soldaten hinter Stacheldraht (Berlin 2000), S. 246.
29 Focus, 27/1995.
30 Smith: Die vermisste Million (München 1992), S. 86.
31 MHQ, The Quarterly Journal of Military History, Winter 1991, Vol. 3, Nr. 2.
32 FAZ, 21. 12. 1989, S. 8.
33 Smith: Heimkehr aus dem Zweiten Weltkrieg (Stuttgart 1985), S. 34.
34 Maschke, a.a.O., Bd. XV, S. 226.
35 Vgl. oben im 1. Kapitel (Die europäischen Nachkriegsverluste). De Gaulle erwähnt in seinen Memoiren statt 100.000 nur 10.842 Opfer der Befreiung; diese Zahl korrespondiert etwa mit der offiziellen Zahl vom 9. 6. 1973, vgl. „Le Crapouillot" (Paris), April–Mai 1985, S. 21 f.
36 Vgl. z. B. Maschke, a.a.O., Bd. XIII (Die deutschen Gefangenen in französischer Hand; München, Bielefeld 1971), S. XII.
37 Ernst-Günther Schenk: Das menschliche Elend im 20. Jahrhundert (Herford 1965), S. 94; Maschke, a.a.O., Bd. XIII, S. 90 f.; Bacque, a.a.O., S. 155 schätzt 167.000–314.000. Weitere Angaben bei Karlheinz Weißmann (Hg.): Die Besiegten (Schnellroda 2005), S. 115.
38 Maschke, a.a.O., Bd. XIII, S. 18 f., 40, 42, 48, 92, 115, 122, 143, 173.
39 Smith: Heimkehr ..., a.a.O., S. 50.
40 Grafischer Überblick bei Paul Carell/Günter Böddeker: Die Gefangenen (Frankfurt, Berlin, Wien 1980) nach S. 288; Maschke a.a.O., Bd. VII, S. 18 ff. (russische Archivunterlagen in: Epifanow/Mayer: Die Tragödie der deutschen Kriegsgefangenen in Stalingrad, Osnabrück 1996).

41 Maschke, a.a.O., Bd. VII, S. 110.
42 De Zayas, a.a.O., S. 19.
43 Maschke, a.a.O., Bd. VII, S. 51.
44 Maschke, a.a.O., Bd. VII, enthält einen umfangreichen Kartenanhang, unter anderem zur geografischen Verteilung der Lager.
45 Maschke, a.a.O., Bd. VII, S. 52 f., 237 ff.
46 Maschke, a.a.O., Bd. VII, S. 110.
47 Maschke, a.a.O., Bd. XV, S. 319.
48 Maschke, a.a.O., Bd. XV, S. 345.
49 Maschke, a.a.O., Bd. XV, S. 246, nennt allein für 1945/50 50.000–60.000 Verurteilungen.
50 Franz Kadell: Die Katyn-Lüge (München 1991), S. 162 f.; Donald Rayfield: Stalin und seine Henker (München 2004), S. 443 ff.
51 Maschke, a.a.O., Bd. IV (München, Bielefeld 1973), S. 206 ff.
52 Maschke, a.a.O., Bd. VII, S. 125.
53 Maschke, a.a.O., Bd. VII, S. 125; Bd. XV, S. 224 ff. usw.
54 Maschke, a.a.O., Bd. VII, S. 49 f.
55 Ch. Rousseau: Droit international public (Paris 1953), S. 563, rechnet mit 1,321 Millionen „abhanden gekommenen“ deutschen Gefangenen in sowjetischer Hand.
56 De Zayas, a.a.O., S. 277; Maschke, a.a.O., Bd. VII, S. 49.
57 Maschke, a.a.O., Bd. XV, S. 237.
58 Hellmut Diwald: Geschichte der Deutschen (Frankfurt, Berlin, Wien 1978), S. 125. Mit neuerem Zahlenmaterial, das Prof. Hillgruber im Farbigen Ploetz (Freiburg, Würzburg 1982), S. 484 f., wiedergibt, ließen sich sogar Verlustzahlen bis zu 2,5 Millionen, bezogen auf sämtliche Gewahrsamsländer, vereinbaren.
59 Maschke, a.a.O., Bd. IX (Die deutschen Kriegsgefangenen in Polen und der Tschechoslowakei, München, Bielefeld 1974), S. 15 ff.
60 Maschke, a.a.O., Bd. IX, S. 238, 194.
61 Maschke, a.a.O., Bd. IX, S. 305.
62 Maschke, a.a.O., Bd. IX, S. 316.
63 Maschke, a.a.O., Bd. IX, S. 290.
64 Maschke, a.a.O., Bd. IX, S. 73 ff.
65 Maschke, a.a.O., Bd. IX, S. 136,164.
66 Maschke, a.a.O., Bd. IX, S. 164 f.
67 Ebenda.

4. Verschleppung zur Zwangsarbeit

1 Bundesministerium für Vertriebene (Hg.): Dokumentation der Vertreibung der Deutschen aus Ost-Mitteleuropa (Bonn 1954), Bd. I 1, S. 79 E ff.
2 Bundesministerium für Vertriebene, a.a.O., Bd. I 1, S. 83 E.
3 Kurt W. Böhme: Gesucht wird … (München 1965), S. 261 ff., 275.
4 Böhme, a.a.O., S. 163, 275; Kulturstiftung der deutschen Vertriebenen (Hg.): Vertreibung und Vertreibungsverbrechen 1945–1948 (Bonn 1989), S. 34. Zu den Ungarndeutschen vgl. Bundesministerium für Vertriebene, a.a.O., Bd. II, S. 41 E ff.; zu den Rumänendeutschen, a.a.O., Bd. III, S. 75 E ff.; zu den Jugoslawiendeutschen, a.a.O., Bd. V, S. 93 E ff. Vgl. auch Dogna-Sylvester/Czernetzky/Toma (Hg.): „Ihr verreckt hier bei ehrlicher Arbeit“ (Graz, Stuttgart 2000).
5 Bundesministerium für Vertriebene, a.a.O., Bd. III, S. 110 E ff.; Alfred Bohmann: Menschen und Grenzen, Bd. 2 (Köln 1969), S. 193.

5. Einmarsch der Roten Armee in Mitteldeutschland und Österreich

1 Der französische General Juin hatte seinen Truppen im Mai 1944 im Gebiet südlich von Cassino und Frosinone für 50 Stunden freie Hand für Vergewaltigung und Plünderung gegeben, was zu einer blutigen Orgie der Gewalt führte; vgl. das Magazin „Stern“ Nr. 52/1965. Dem Schicksal der 60.000 Opfer von Vergewaltigungen war 1960 der italie-

nische Film „La Ciociaria“ mit Sophia Loren gewidmet.

2 Jochen Thies, Kurt von Daak: Südwestdeutschland Stunde Null (Düsseldorf 1979), S. 26; Volker Koop: Besetzt (Berlin-Brandenburg 2005), S. 32 ff.

3 Graf Schwerin von Krosigk: Die großen Schauprozesse (München 1981), S. 341.

4 Dachauer Hefte, Heft 1 (Dachau 1985); Howart A. Buechner: Dachau. The Hour of the Avenger (Metrairie, Louisiana 1986); Friedl Volgger: Mit Südtirol am Scheideweg (Innsbruck 1984), S. 130.

5 Zitiert nach N. Naimark: Die Russen in Deutschland (Berlin 1999), S. 100.

6 Vgl. z. B. bei Jürgen Thorwald: Die große Flucht (München, Zürich 1979), S. 286; Hubertus Knabe: Tag der Befreiung? (Berlin 2005), S. 87.

7 Joachim Schultz-Naumann: Mecklenburg 1945 (München 1989), S. 101, 165 ff.; weitere Berichte über Massenmorde und Massenselbstmorde in anderen Orten ebenda, S. 103, 160 f., 170, 174, 180, 204 f., 207, 210, 214. Ähnlich Norbert Buske: Das Kriegsende in Demmin 1945 (Schwerin 1995) oder Theodor Seidel: Kriegsverbrechen in Ostsachsen (Berlin 2002), ferner D. Krüger/G. Finn: Mecklenburg-Vorpommern 1945 bis 1948 und das Lager Fünfeichen (Berlin o. J.), S. 15.

8 Bundesministerium für Vertriebene: Dokumentation der Vertreibung der Deutschen aus Ost-Mitteleuropa (Bonn 1954), Bd. I 1, S. 69 E.

9 Hubertus Knabe, a.a.O., S. 90 f.

10 Heinz Magenheimer: Die Abwehrschlacht an der Weichsel (Freiburg/B. 1976), S. 106.

11 B. H. Liddell Hart (Hg.): Die Rote Armee (Bonn 1957), S. 201.

12 Margaret Boveri: Tage des Überlebens (München, Zürich 1977), S. 105 bis 111; Thorwald, a.a.O., S. 287, 349, 358 ff.; Jacques de Launay: La grande débâcle (Paris 1985), S. 191, registriert Hunderttausende von Vergewaltigungsfällen allein in Berlin.

13 Bundesministerium für gesamtdeutsche Fragen (Hg.): SBZ von A bis Z (Bonn 1963), unter Stichwort „Bevölkerung“ (spätere Auflagen erschienen unter dem Titel „A–Z“).

14 Bundesministerium für Vertriebene, a.a.O., Bd. I 1, S. 65 E.

15 Kulturstiftung der deutschen Vertriebenen (Hg.): Vertreibung und Vertreibungsverbrechen 1945–1948 (Bonn 1989), S. 40 f. (Fußnote).

16 Statistisches Bundesamt (Hg.): Die deutschen Vertreibungsverluste (Wiesbaden, Stuttgart 1958), S. 152, 162. Die genannten Zahlen ergeben sich nach Ausgliederung der Geflohenen (einschließlich der Fluchtopfer) und der zivilen Kriegsopfer.

17 Kulturstiftung, a.a.O., S. 40.

18 Kulturstiftung, a.a.O., S. 41.

19 Der österreichische Bundeskanzler Kreisky im „Stern“ vom 28. 10. 1980: „Meine Herren, die Russen denken anders. Für sie ist Deutschland heute nicht zweigeteilt, sondern viergeteilt: Bundesrepublik, DDR, östlich Oder/Neiße und Österreich.“

20 Peter Gosztony: Endkampf an der Donau 1944/45 (Wien, München, Zürich 1969), S. 250; Manfried Rauchensteiner: Der Krieg in Österreich 1945 (Wien 1985), S. 143.

21 Alexander Werth: Russland im Krieg 1941–1945 (München, Zürich 1965), S. 643.

22 Rauchensteiner, a.a.O., S. 142; ähnliche Angaben bei H. Egger/F. Jordan: Brände an der Donau (Graz 2004), S. 64 f.

23 Rauchensteiner, a.a.O., S. 210; vgl. auch S. 203. Außer im Weinviertel dürfte es auch im Burgenland eine Massierung von Schwerverbrechen gegeben haben, wovon sich der Verfasser in Interviews selbst überzeugen konnte. Mord und Totschlag standen meist mit Vergewaltigungen und/oder Alkohol in Verbindung; vgl. auch Stefan Karner (Hg.): Das Burgenland im Jahr 1945 (Eisenstadt 1985).

24 Austin J. App: Der erschreckendste Friede der Geschichte (Salzburg o. J.), S. 200 f.

25 Rauchensteiner, a.a.O., S. 168.
26 1937 starben in Österreich 90.035 Menschen; 1945 waren es 173.767; vgl. Rauchensteiner, a.a.O., S. 393.
27 Diese betragen nach einer Quelle rund 4.000, was wohl zu niedrig ist, vgl. Rauchensteiner, a.a.O., S. 393, nach anderen Quellen 24.300 (Mitteilungen der „Deutschen Dienststelle für die Benachrichtigung der nächsten Angehörigen von Gefallenen der ehem. Deutschen Wehrmacht/WAST" und des „Verbands der Heimkehrer, Kriegsgefangenen und Vermisstenangehörigen Deutschlands e. V." an den Verfasser).

6. Konzentrationslager in der sowjetischen Besatzungszone

1 Die „Welt" vom 25. 3. 1985.
2 Es handelt sich hierbei um eine gekürzte Fassung der „Chronik" in dem Buch von Gerhard Finn: Die politischen Häftlinge in der Sowjetzone 1945–1959 (Pfaffenhofen 1960), S. 207 ff.
3 Gerhard Finn, a.a.O., S. 15.
4 Die sowjetische Geheime Staatspolizei hat öfters den Namen gewechselt. Ursprünglich hieß sie Tscheka (Abkürzung von Tschreswtschainja Kommissija = Außerordentliche Kommission), dann GPU (Staatliche politische Überwachung), dann NKWD (Volkskommissariat für innere Angelegenheiten), dann MWD (Innenministerium) und schließlich KGB (Komitee für Sicherheit).
5 Karl Wilhelm Fricke: Politik und Justiz in der DDR (Köln 1979), S. 69 f.
6 Heinz Brandt: Ein Traum, der nicht entführbar ist (München 1967), S. 170.
7 Fricke, a.a.O., S. 70.
8 Vgl. die George-Biografie von Werner Maser: Mensch aus Erde gemacht (Berlin 1998).
9 Fricke, a.a.O., S. 72.
10 „Stern" vom 13. 9. 1979; Finn, a.a.O., S. 16 ff.
11 Fricke, a.a.O., S. 72.
12 Fernsehsendung „Buchenwald: nach 1945 rotes KZ" (ZDF-Magazin vom 1. Mai 1985).
13 Hermann Just: Die sowjetischen Konzentrationslager auf deutschem Boden 1945–1950 (ohne Ortsangabe, 1952), S. 129.
14 Just, a.a.O., S. 135 f.; Finn, a.a.O., S. 53ff.; Fricke, a.a.O., S. 94f. und S. 133f.
15 Fricke, a.a.O., S. 133; Finn, a.a.O., S. 11, 16, 20.
16 Von Flocken/Klonovsky: Stalins Lager in Deutschland 1945–1950 (Berlin 1991), S. 36 ff.; zum medizinischen Aspekt vgl. Krypczyk/Ritscher: Jede Krankheit konnte tödlich sein (Göttingen 2005).
17 Hubertus Knabe: Tag der Befreiung? (Berlin 2005), S. 299.
18 Fricke, a.a.O., S. 74 ff.; Just, a.a.O., S. 20 ff.; Die „Welt" vom 5. 8. 1985.
19 Vgl. das Lexikon „SBZ von A bis Z"; herausgegeben vom Bundesministerium für gesamtdeutsche Fragen (Bonn 1963), unter „Konzentrationslager"; Fricke schätzt die Gesamtzahl der Opfer unter KZlern und Gefängnisinsassen auf 85.000 bis 95.000, vgl. a.a.O., S. 564; Just beziffert die Opfer des gleichen Personenkreises auf 96.000, vgl. a.a.O., S. 135; Finn spricht von 65.000 verstorbenen Lagerinsassen, vgl. a.a.O., S. 68; ebenso Gunnar Heinsohn im „Lexikon der Völkermorde" (Reinbek bei Hamburg 1998), S. 118.
20 Karlheinz Weißmann (Hg.): Die Besiegten (Schnellroda 2005), S. 157 f. mit Literaturhinweisen.
21 Just, a.a.O., S. 139; diese Angaben stimmen im Wesentlichen mit den Ermittlungen des Suchdienstes überein, vgl. Kurt W. Böhme: Gesucht wird ... Die dramatische Geschichte des Suchdienstes (München 1965), S. 272. Ähnlich J. R. Stern: Und der Westen schweigt (Pr. Oldendorf 1976), S. 328.
22 Paul Serant: Die politischen Säuberungen in Westeuropa (Oldenburg, Hamburg 1963), S. 58. Wolfgang Venohr nennt 322.000 allein für die US-Zone („Junge Freiheit" vom November 1992).

23 Caspar von Schrenck-Notzing: Charakterwäsche, Die Politik der amerikanischen Umerziehung in Deutschland (München 1981), S. 97 ff.; F. W. Rothenspieler: Der Gedanke einer Kollektivschuld in juristischer Sicht (Berlin 1982), S. 103; Burkhard Schöbener: Die amerikanische Besatzungspolitik und das Völkerrecht (Frankfurt/M. 1991), S. 434 ff.
24 Zitiert nach Serant, a.a.O., S. 53.
25 Serant, a.a.O., S. 54.
26 Lutz Graf Schwerin von Krosigk: Die großen Schauprozesse (München 1981), S. 340 f.; wegen Misshandlungen im Zusammenhang mit den Nürnberger Prozessen vgl. Werner Maser (Nürnberg, Düsseldorf 1977) und David Irving: Der Nürnberger Prozeß (München 1979).
27 Hinweis von Evakuierten, die das Kriegsende im Elsass erlebt hatten.

7. Hungerpolitik

1 Ganz ähnliche Gedankengänge enthielt das Abschlussprotokoll der Potsdamer Konferenz der Siegermächte (17. Juli bis 2. August 1945). Laut Punkt 15 des Protokolls sollten die Alliierten darüber wachen, „dass Produktion und Erhaltung der Werte und Einrichtungen gesichert werden ..., die lebenswichtig sind, um einen durchschnittlichen Lebensstandard in Deutschland aufrecht zu erhalten, der den durchschnittlichen Lebensstandard europäischer Länder nicht übersteigt".
2 Alfred M. de Zayas: Die Nemesis von Potsdam (Neuauflage des Titels „Die Anglo-Amerikaner und die Vertreibung der Deutschen"), München 2005, S. 192 ff.
3 Zitiert nach Alfred Schickel in der Landshuter Zeitung vom 8. 4. 2006.
4 Burkhard Schöbener: Die amerikanische Besatzungspolitik und das Völkerrecht (Frankfurt a. Main 1991), S. 180.
5 Norbert Ohler in der FAZ vom 27. 6. 2006.
6 Stolper: Die deutsche Wirklichkeit (Viöl 2005), S. 48 f., Nachdruck der deutschen Erstausgabe von 1949.
7 James Bacque: Verschwiegene Schuld (Berlin, Frankfurt/M. 1995), S. 104.
8 Volker Koop: Besetzt. Französische Besatzungspolitik in Deutschland (Berlin 2005), S. 79.
9 Norbert Ohler, a.a.O.
10 Klaus Jörg Ruhl: Die Besatzer und die Deutschen. Amerikanische Zone 1945–1948 (Düsseldorf 1980), S. 166–168.
11 Focus, 11/2006.
12 Focus, a.a.O.
13 Norbert Ohler, a.a.O.
14 Karlheinz Weißmann (Hg.): Die Besiegten (Schnellroda 2005), S. 258, verweist auf unglaubliche 90 Prozent Kindersterblichkeit im US-Sektor Berlins im Juli 1945.
15 Junge Freiheit, 1. 4. 2005.
16 Bacque, a.a.O., S. 121.
17 Bacque, a.a.O., S. 134 f.
18 Alfred M. de Zayas im Vorwort zu Bacque, a.a.O., S. 11.
19 de Zayas, Vorwort, a.a.O., S. 12.
20 Otto Zierer: Franz Josef Strauß. Ein Lebensbild (Frankfurt/M., Berlin 1988), S. 164.

8. Bilanz und Ausblick

1 Basisliteratur zum Thema: Peter Steinbach: Nationalsozialistische Gewaltverbrechen (Berlin 1981); Gerald Reitlinger: Die Endlösung (Berlin 1979); Rüdiger Overmans: Deutsche militärische Verluste im Zweiten Weltkrieg (München 2004); dtv-Atlas zur Weltgeschichte (München 1979); Der farbige Ploetz (Würzburg 1982).

Verzeichnisse

Personenverzeichnis [in Auswahl]

Ortsverzeichnis [in Auswahl]